l'ABCdaire

des

vins de Bourgogne

Christian Pessey

Flammarion

S O M M

L'abécédaire

Il se compose des notices suivantes, classées par ordre alphabétique. À chacune d'elles est associée une couleur qui indique sa nature :

Les appellations de la renommée

Aloxe-Corton
Auxey-Duresses
Beaune (ville et appellation)
Blagny
Bourgogne
Bourgogne Aligoté
Bourgogne Côtes du Couchois
Bourgogne Grand ordinaire
Bourgogne Hautes-Côtes de Beaune
Bourgogne Hautes-Côtes de Nuits
Bourgogne Passe-Tout-Grains
Bouzeron
Chablis
Chablisien (région)
Chambolle-Musigny
Chassagne-Montrachet
Clos de Vougeot (château du)
Côte chalonnaise (région)
Côte de Beaune (région)
Côte de Beaune
Côte de Beaune-Villages
Côte de Nuits (région)
Côte de Nuits-Villages
Crémant de Bourgogne
Fixin
Gevrey-Chambertin
Givry
Grand Auxerrois (région)
Hautes-Côtes
Irancy
Mâcon
Mâconnais (région)
Maranges
Mercurey
Meursault
Montagny
Monthelie
Morey-Saint-Denis
Nuits-Saint-Georges
Pernand-Vergelesses
Petit Chablis
Pommard
Pouilly-Fuissé
Puligny-Montrachet
Rully
Saint-Aubin
Saint-Bris
Saint-Véran
Santenay
Savigny-lès-Beaune
Volnay
Vosne-Romanée
Vougeot

Les clefs du vignoble

Abbaye
Aligoté
Appellations
Appellations régionales
Bouteille
Bureau Interprofessionnel des vins de Bourgogne
Cadets de Bourgogne
Calendrier de la vigne
Cep
Cépages
Chardonnay
Climat
Confrérie des Chevaliers du Tastevin
Conservation
Coopératives
Côte
Dégustation
Élevage
Étiquetage
Fêtes
Fût
Gamay
Grands crus
Hospices de Beaune
Hospices de Nuits-Saint-Georges
Millésimes
Musée du Vin de Bourgogne
Négociants
Paulée de Meursault
Pinot noir
Premiers crus
Saint-Vincent
Saint-Vincent tournante
Tastevin
Tastevinage
Trois glorieuses
Vendanges
Verre
Villages
Vinification

La renommée des crus

Bonnes-Mares
Chambertin
Clos de Vougeot
Corton
Corton-Charlemagne
Échezeaux, Grands-Échezeaux
Montrachet
Musigny
Romanée et Romanée-Conti

Au fil de ces notices, et grâce aux renvois signalés par les astérisques, le lecteur voyage comme il lui plaît dans l'abécédaire.

LES VINS DE BOURGOGNE RACONTÉS

La culture de la vigne et la production du vin ont profondément marqué cette région, ancienne province au riche passé politique et culturel, qui doit au noble breuvage une partie de sa prospérité et, assurément, l'essentiel de sa renommée internationale actuelle. C'est le résultat de l'histoire, mais aussi de la conjonction d'un certain nombre d'atouts naturels et humains qui ont permis une alchimie que personne ne parviendra jamais à mettre en équation et à reproduire ailleurs.

L'abbaye de Cîteaux.

NOÉ, CÉSAR ET LES AUTRES

La Bible attribue à Noé l'invention du vin, fixant celle-ci au Déluge, un événement où l'eau l'emporta pourtant largement sur le vin. Les origines du vin de Bourgogne ne figurent pas dans le Livre saint, ce qui est bien dommage. D'aucuns vous diront que « c'est vieux comme Hérode » et, côté chronologie, ils n'ont peut-être par tort. Peut-on imaginer que le roi des Juifs aurait pu boire le précieux nectar, qu'un petit Gaulois teigneux et un porteur de menhir fort du bassin, accompagné d'un petit chien blanc lui auraient apporté en guise de potion magique ? On peut rêver, mais ce serait une tout autre histoire, qui reste à écrire et à dessiner…
On peut aussi imaginer, comme certains, que l'apparition de la vigne et de la vinification en Bourgogne remonte au VIe siècle av. J.-C., dans la foulée de

Scène de vendanges, sur un chapiteau de l'église de Moutiers-Saint-Jean (XIIe siècle).

Caves d'élevage en fûts de la maison Bouchard Père & Fils.

Page suivante, en bas à droite : le célèbre château du Clos de Vougeot.

marchands grecs aventureux venus de Massilia, d'Antipolis ou de Nikaia. La Bourgogne serait alors le plus ancien vignoble de notre pays, loin devant ceux qui fêtent avec tapage l'entrée de leur vignoble dans le IIIe millénaire avec assurément un peu d'avance. Malheureusement, les traces des Grecs au nord de Lyon n'abondent guère, et bien que la chose ne soit pas impossible, aucune trouvaille ne permet aujourd'hui d'attester une origine aussi ancienne. Une chose est sûre, cependant : la culture de la vigne sur la côte* allant de Mâcon* à Dijon suit la conquête romaine de très près, entre le Ier et le IIIe siècle. Les Romains trouvèrent-ils de la vigne en arrivant ? Personne ne peut le garantir ; personne ne peut affirmer le contraire, même s'il est probable qu'ils l'amenèrent dans leurs bagages ; en revanche, on peut affirmer avec certitude que nos ancêtres gallo-romains s'adonnèrent très vite à la culture de la vigne et à la production du vin. Ils profitèrent de l'organisation d'une grande voie de communication – la voie d'Agrippa – favorisée par le relief (la plaine de la Saône), jalonnée de villes déjà importantes pour l'époque. Certaines existaient depuis longtemps déjà et connaîtront un beau

Le clocher de l'église
de Meursault.

Le Grand Auxerrois

développement : *Matisco* (Mâcon), fondée dès le IIIe siècle par les Celtes, *Cabilonnum* (Chalon-sur-Saône), principal port des Éduens sur la Saône, *Belena* (Beaune*), lieu de culte celtique récupéré ensuite par les Romains, *Divio* (Dijon), au carrefour des axes Rhin-Rhône et Seine-Jura-Alpes, dès l'invasion romaine. Les jalons de la prospérité bourguignonne viticole sont plantés. Cette Bourgogne-là n'est pas celle des plateaux où se joua la guerre des Gaules. Elle bénéficie d'un environnement géologique, géographique et climatique exceptionnellement favorable, à la fois à la culture de la vigne, à la production, à l'élevage, à la conservation*, à la commercialisation et à l'exportation du vin.

Souvenir des vendanges dans le Mâconnais dans les années 1900.

La terre et le ciel

Si le vignoble bourguignon commence en Auxerrois* et dans le Chablisien*, c'est surtout en Côte-d'Or, sur environ 120 km, du nord au sud, de Dijon à Mâcon, que sont issus les crus les plus prestigieux, sur un talus surplombant une grande dépression occupée aujourd'hui par la rivière Saône.
Coupé net comme par un gigantesque couteau au niveau d'une faille, le mille-feuille sédimentaire qu'est le Bassin parisien s'est trouvé relevé sur les bords au Tertiaire par le soulèvement alpin. L'érosion, ensuite, a fait le reste, créant une côte*, un talus de 300 à 400 m d'altitude, s'abaissant par degrés, plus ou moins abrupts, et mettant à nu les couches alternées de calcaire et d'argile (ou marne) formant le Bassin parisien. L'eau, en ruisselant, a mêlé les terrains, apportant à l'argile le calcaire (souvent chargé de fossiles) nécessaire à l'allégement de la terre et au drainage dont la vigne a tant besoin. Les sources issues du plateau ont engendré ruisseaux et rivières atti-

Tastevinage.

rées par la Saône au nom du principe de gravité qui crée les lignes de partage des eaux : ces cours d'eau ont creusé des vallées, ces combes qui constituent autant d'écrins pour de fameux grands crus*. C'est le même type de relief que l'on retrouve en Champagne et, de l'autre côté du Bassin parisien, à l'ouest, en Pays-d'Auge, où le pommier remplace la vigne.
Quand le front de côte est orienté à l'est, il forme un abri contre les vents pluvieux venant de l'ouest, et il détermine des conditions climatiques spécifiques, à composantes continentales, créant des étés chauds et des automnes secs. Certaines parties de la côte*, festonnée de vallées transversales, offrent des terrains pentus orientés est/sud-est, bénéficiant d'un réchauffement optimal dès les premiers rayons de soleil ; une telle exposition compense le froid hivernal propre à tout climat continental. C'est exactement la configuration

de la côte* bourguignonne où les conditions sont si favorables qu'on y produit les meilleurs rouges sous une latitude où, normalement, la culture des cépages nécessaires est fortement compromise. Qu'on ajoute à cela une terre où il est facile de creuser des caves et l'on aura une bonne partie des ingrédients qui font un pays de vignerons.

Les vignes du seigneur

Un solide lien liturgique unit le vin au christianisme. Dans beaucoup de régions, la progression de la culture de la vigne suit de très près celle de l'évangélisation, et lorsque les conditions climatiques ne permettent pas la culture de la vigne autour de l'église, des dispenses sont même nécessaires pour autoriser le prêtre à trouver un substitut au vin de messe. En Bourgogne, la vigne a assurément devancé le christianisme, mais le mouvement monastique l'a considérablement encouragé. Les grandes abbayes* – Cîteaux et Cluny en tête – jouèrent un rôle déterminant, pendant sept siècles au moins, dans la constitution d'un patrimoine viticole et vinicole incomparable. Elles le firent directement par la constitution des domaines aujourd'hui les plus prestigieux – dont le Clos de Vougeot* est le joyau –, mais aussi par effet de démultiplication des nombreuses petites abbayes* de village, peu préoccupées de rentabilité immédiate, relais précieux pour la mise au point des techniques de culture, pour le transfert de la tradition autant que pour le dynamisme de ce qui était déjà une véritable filière économique sur laquelle les abbayes fondaient leur prospérité.

La Révolution aurait pu être une menace et une catastrophe pour celles-ci ; elle fut l'une sans être l'autre. Bien sûr elle démantela la propriété monastique par la vente des Biens nationaux, mais elle n'est pas directement responsable, contrairement à une idée reçue, de la fragmentation extrême des clos (dont celle du clos de Vougeot* est l'illustration) comme on le dit trop souvent : ce morcellement est intervenu bien plus tard, généralement à la fin du XIXe siècle, du fait de l'attractivité de prestigieuses appellations dont chacun voulait bénéficier. Le négoce*, un temps moteur dans le phénomène, sera par la suite facteur de recomposition et de conservation de certains domaines de taille exploitable.

Prêtes pour la dégustation.

Prestige des vins de Bourgogne

Cueillette à la main et paniers en osier pour les plus grands crus.

Si les moines sont pour beaucoup dans la qualité de la culture de la vigne et de la vinification, c'est aux puissances séculières que le vin de Bourgogne doit l'origine de sa gloire. Servi à la table des seigneurs locaux, mais aussi des papes et des rois, le divin breuvage bénéficia d'une réputation « internationale » dès le Moyen Âge. L'affirmation politique du duché de Bourgogne, au XIVe siècle, fera du vin de Bourgogne l'un des éléments du faste de la cour des ducs. Sans grand débouché naturel favorable à une production et à une commercialisation de masse, la Bourgogne viticole privilégiera, dès cette époque, la qualité sur la quantité, la valeur sur le nombre. Les ducs sauront donner au vin une flamboyance dont le privait l'austérité des moines. Pendant un siècle de fière indépendance, ils feront saliver d'envie les monarques du reste de la chrétienté et sauront utiliser le vin comme un outil de prestige au service de leur politique.

Commerce et négoce*

Le XVIIIe siècle est l'époque de toutes les révolutions, intellectuelle, morale, industrielle, économique. Elle est aussi celle des transports, dès Louis XV, avec la naissance d'un solide réseau de voies de communication, dont nos grandes « nationales » rectilignes, bordées de peupliers ou de platanes, sont aujourd'hui encore le témoin. Les routes se créent, les canaux se creusent, les rivières et les fleuves sont domestiqués et équipés de ports dignes de ce nom, bientôt le chemin de fer arrive : pendant deux siècles, la Bourgogne se désenclave. L'accession au pouvoir d'une jeune noblesse de robe et de cour avant la Révolution, puis celle de la bourgeoisie après 1789, seront un puissant facteur de dynamisme : il est alors de bon ton de posséder sa vigne en Bourgogne, d'y faire son vin et de le faire boire à sa table parisienne. La passion d'un prince de Conti pour sa vigne de Romanée* fut, sur ce point, exemplaire. À l'origine simples commanditaires, les négociants bourguignons vont accompagner cet engouement que la République ne démentira pas. Simples intermédiaires à l'origine, ils vont structurer le commerce, organiser la profession pour répondre à la demande quantitative et aux exigences qualitatives de la clientèle. Conduits par nécessité à stocker le vin dans leurs caves de Beaune* ou de Nuits-Saint-Georges*, ils seront amenés à l'y faire vieillir. L'appel de la demande aidant, ils interviendront directement aussi dans l'élaboration du vin, faisant bientôt remonter leur intervention jusqu'à la culture même de la vigne (sur les 2 000 ha qui leur appartiennent aujourd'hui), en étroite collaboration avec les vignerons et les caves coopératives. Ainsi était née la notion très bourguignonne du négociant-éleveur, garant de la qualité des vins comme du rayonnement économique d'un produit de renommée mondiale grâce à d'importants moyens techniques et financiers imposés par la production et la commercialisation d'un produit de haut de gamme.

Un vilain petit puceron

En 1875, un vilain petit puceron, sans doute américain, apparu une dizaine d'années plus tôt dans le Gard, va compromettre cette belle architecture. Véritable choléra de la vigne, il tue les ceps sans rémission en s'attaquant aux racines au cours de son cycle végétatif. Il dévaste l'ensemble du vignoble français en quelques années, conjuguant ses ardeurs avec d'autres fléaux comme l'oïdium et le mildiou. Si les traitements permettront de venir à bout de ces derniers, le phylloxéra ne sera vaincu que par l'arrachage pur et simple des vignes, suivi de la réimplantation de cépages français sur des porte-greffe américains résistants au terrible puceron. On comprend les réticences des vignerons bourguignons à se résoudre à une telle extrémité, consistant à arracher des vignes ancestrales dont on ignorait, alors, si elles pouvaient être remplacées (de très grandes années, dès 1880, le démontrèrent pourtant très clairement). Les hésitations et l'ampleur de la contamination seront fatales à près des 2/3 du vignoble bourguignon, qui ne retrouvera jamais ses limites d'avant 1875.

En Bourgogne, le négoce aussi est une grande tradition.

Une filière dynamique

La profession s'est relevée de ce cataclysme, résistant finalement à la tentation du quantitatif sur le qualitatif. Elle a su exiger et obtenir dans le pre-

Il faut savoir attendre…

mier tiers du XXe siècle une réglementation et une organisation officielle stricte des appellations*, des dénominations et des délimitations grâce, en particulier, à la création de l'Institut national des appellations d'origine. Elle a su, aussi, faire le ménage en son sein quand c'était nécessaire. La Bourgogne est forte aujourd'hui de 5 300 exploitations viticoles, dont 4 300 ont des vignes d'appellations contrôlées, 3 800 vinifiant tout ou partie de leur récolte. Négociants-éleveurs, vignerons propriétaires et caves coopératives participent de façon significative à la bonne santé du commerce extérieur de la France, 60 % des vins de Bourgogne étant vendus à l'étranger. Le principal problème de la profession est aujourd'hui de répondre à une demande croissante (dont la conséquence est actuellement une inquiétante diminution des stocks) dans le respect de la qualité et d'un maintien des prix à des niveaux raisonnables.

Aligoté

Cépage fin, l'aligoté est à l'origine un plan d'altitude utilisé exclusivement pour la production de vins blancs, dont le Bourgogne qui porte son nom – le Bourgogne Aligoté* cher au chanoine Kyr – et le Bouzeron*. On l'utilise en association avec le *chardonnay** pour la production de Crémant de Bourgogne*. Ses grappes, aux grains plus gros et plus nombreux que ceux du *chardonnay*, sont très vigoureuses et permettent de ce fait un excellent rendement.

Abbaye

Grandes et petites abbayes locales – dépendant des premières – jouèrent un rôle essentiel dans l'implantation du vignoble et l'instauration des règles de vinification* et de conservation* pendant près de sept siècles. Cîteaux et Cluny (ci-contre les bâtiments conventuels de l'abbaye – XVIIIe siècle – et le clocher de l'Eau Bénite et le clocheton de l'Horloge – XIIe siècle) possédèrent jusqu'à cette époque certains des clos les plus fameux, dont le célèbre clos de Vougeot* pour Cîteaux et Chambertin* pour Cluny.

Aloxe-Corton (appellation communale)

Cette appellation prestigieuse de la côte de Beaune* doit une large part de sa gloire à ses deux grands crus* portant le nom de la colline dominant le village : Corton* et Corton-Charlemagne*. Ce dernier rappelle l'ancienneté du vignoble : celui qui n'était pas encore empereur, mais roi des Francs, fit don en 775 d'un clos aux moines de la collégiale de Saulieu, qui en firent le meilleur usage.

Comme toujours en Bourgogne, les différences de classement prennent autant en compte la nature des terrains et de l'exposition que la qualité (irréprochable) des vins produits. Ainsi, les parcelles classées Corton-Charlemagne sont-elles situées dans la partie haute du vignoble, là où les sols sont légers, crayeux, bien drainés, parfaits pour la culture du *chardonnay** à l'origine de ce vin blanc prestigieux. Plus bas, on trouve le Corton* grand cru, puis l'Aloxe-Corton. L'aire de production déborde sur la commune voisine de Ladoix-Serrigny (appellation Ladoix).

L'Aloxe-Corton est un vin ferme, d'une grande élégance, assez tannique, charpenté et corsé pour les premiers crus*, avec de puissants arômes de fruits rouges et de mûre.

Pour les vins issus de parcelles classées comme telles, l'appellation peut être suivie soit de l'expression premier cru*, soit du nom du climat* d'origine, soit encore de l'un et l'autre. Pour les vins de parcelles non classées, le

Les caves du Clos des Maréchaudes.

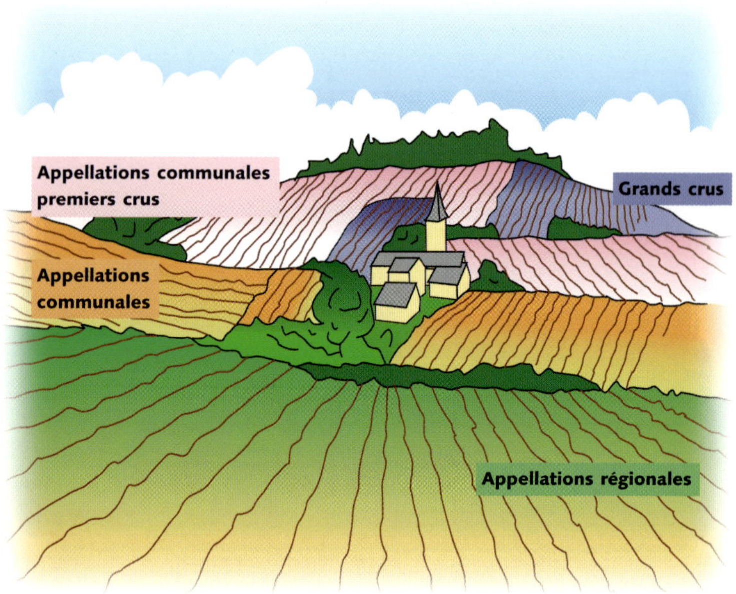

seul nom du climat* peut être porté sur l'étiquette*.
La surface d'appellation Aloxe-Corton est de 127 ha 50 ares, dont 37 ha 50 ares classés en premier cru*. La récolte moyenne est de 5 889 hl, dont 40 hl seulement en blanc. Les rendements maximums autorisés sont de 40 hl en rouge et 45 en blanc.
L'Aloxe-Corton est un vin de garde, qui ne doit pas être bu avant 5 ans et peut être conservé jusqu'à 20 ans et plus.

Appellations

Grande région viticole s'il en est, la Bourgogne possède une hiérarchie d'appellations fort complexe qui a de quoi dérouter le néophyte.
C'est en 1935 que l'INAO (Institut national des appellations d'origine) a réalisé l'actuelle classification, qui fait suite au premier classement des vins de Côte-d'Or établi en 1861 par le Comité d'agriculture de Beaune. Le classement actuel tient compte des usages anciens mais aussi d'un certain nombre de facteurs géologiques et physiques mesurables (altitude, pente, profondeur du sol, proportion entre les différents éléments d'un sol, exposition), ainsi que du respect des cépages*.
La Bourgogne compte actuellement 99 appellations d'origine contrôlées (AOC) sur les 400 répertoriées en France. Elle possède 562 climats* classés en premiers crus*.
Les appellations de Bourgogne sont réparties en quatre catégories :
– grands crus (33) ;
– premiers crus (562) ;
– appellations communales, ou de villages (42) ;
– appellations régionales (22).
Cette apparente simplicité cache en fait un système fort compliqué qui défie souvent la logique.

Appellations régionales

Il s'agit d'une grande famille regroupant tous les vins pouvant bénéficier de l'appellation Bour-

gogne. Celle-ci qualifie des vins issus de l'ensemble de l'aire de production de la région (par exemple Bourgogne, Bourgogne Grand ordinaire* ou Bourgogne Aligoté*) aussi bien que des vins dont la production est localisée, et correspond à un vignoble donné (par exemple Mâcon*, Haute-Côte de Beaune) ou à un village (par exemple Bourgogne Saint-Bris*).
Au nombre de 22, ces appellations représentent 53 % de la production avec 650 000 hl répartis à égalité entre les rouges et les blancs.

Auxey-Duresses, Côte de Beaune.

Auxey-Duresses (appellation communale)

Ce Côte de Beaune* bloqué entre les vignobles de Volnay* et de Meursault* balance tout naturellement entre rouges et blancs, issus classiquement de cépages *pinot noir** pour les premiers et *chardonnay** pour les seconds. Ils n'ont rien à envier à leurs prestigieux voisins, même s'ils peuvent se boire plus jeunes. Le terroir se répartit sur les deux versants de la combe de Saint-Roman, ligne de partage classique entre blancs et rouges.
Comme très souvent en Bourgogne, le vignoble doit ses origines aux moines, ici à ceux de Cluny qui possédaient autrefois presque toutes les terres. La tradition veut même que c'est ici que serait apparue la vigne en Bourgogne, dès l'époque celtique.
Les blancs sont très limpides, avec des reflets vert doré. Ils révèlent des arômes de pain grillé, d'amande fraîche, de noisette et de pomme. Ils peuvent être bus jeunes.

Le toit à tuiles vernissées de Beaune.

Les rouges sont souples, suffisamment tanniques, et développent un bouquet très fin de cerise et de cassis, avec une note musquée et fumée. Ils sont très représentatifs de ce que l'on peut attendre d'un bon Côte de Beaune*.
Les vins produits, non-classés en premier cru*, peuvent prétendre à l'appellation Côte de Beaune-Villages*, les autres pouvant faire suivre l'appellation soit de la mention premier cru, soit du nom du climat* d'origine (on en compte 9), soit encore de l'un et de l'autre.
L'aire de production couvre 170 ha, aux deux tiers consacrés au rouge, 32 ha étant classés en premier cru. Les rendements maximums à l'hectare sont de 40 hl pour les rouges et 45 hl pour les blancs. La production est de 4 578 hl pour les premiers et de 2 872 hl pour les seconds.

Beaune

Capitale mondiale du vin, Beaune aurait pourtant été créée autour d'une source sacrée d'eau pure, – l'Aigue –, placée sous les auspices du dieu Bélénos, version gauloise d'Apollon. Plus concrètement, elle doit son origine à une position géographique clé, au carrefour d'antiques voies de communications sans doute bien antérieures à la conquête romaine : une position géographique concrétisée encore aujourd'hui par un grand échangeur autoroutier, à quelques kilomètres au nord de la ville. L'Archéodrome (sur l'A6 en direction du Sud) donnera une bonne idée du lointain passé de la région, mais aussi de la vie de nos bons vieux ancêtres les Gaulois. La roche de Solutré toute proche, la découverte du Trésor de Vix et la présence du site d'Alésia dans la région témoignent, s'il en était besoin, de la richesse d'un passé où Beaune occupe une place de choix.

Antique castrum, la ville est liée dès l'époque romaine à la culture de la vigne – qui trouve dans les côtes* des conditions optimales – et au commerce du vin. Ville-carrefour, Beaune est depuis toujours une cité d'échanges, une ville-marché où le précieux breuvage occupe une place de choix à côté d'autres produits traditionnels du commerce antique et médiéval. La construction de l'hôtel-Dieu, ou Hospices de Beaune*, au XVIe siècle marque un tournant dans l'histoire de la ville. Elle allie ainsi dès cette époque l'art du négoce aux vertus de la bienfaisance et, aujourd'hui encore, de la solidarité, par le biais des célèbres ventes dont le profit va aux plus démunis et à l'actuel hôpital. Délibérément tournée vers le commerce du vin, Beaune a su tempérer, mieux que d'autres grandes capitales vinicoles, la fièvre du profit et donner de la noblesse au commerce du vin.

En dépit de cette manne du négoce, Beaune a su maîtriser sa croissance, restant une ville à taille humaine, d'une vingtaine de milliers d'habitants. À l'écart des grands conflits destructeurs du XXe siècle, elle s'est lentement et sagement développée à l'abri de ses puissantes murailles. Elle a pu ainsi préserver ses trésors d'architecture que sont l'hôtel-Dieu aux extraordinaires toitures à tuiles vernissées, bien sûr – aujourd'hui musée –, mais aussi la collégiale Notre-Dame (XIIIe siècle), l'hôtel des ducs de Bourgogne – siège de l'exceptionnel musée des vins de Bourgogne –, ses magnifiques remparts (XIIIe-XIVe siècles) et, naturellement, les superbes caves que les grands négociants* (Patriarche, Bouchard Père & Fils, Calvet, Drouhin, entre autres) permettent de visiter (souvent sur rendez-vous), non sans quelques légitimes arrière-pensées commerciales.

Beaune est une étape incontournable lorsqu'on visite le vignoble de Bourgogne.

Beaune (appellation communale)

Avec 322 ha classés en premier cru*, et une surface totale de 450 ha, le vignoble de Beaune est la plus vaste zone d'appellation et possède le plus grand nombre de climats* de toute la Bourgogne. Le plus surprenant est que les vignes de Beaune, idéalement exposées en coteaux, sur des terres excellentes répondant parfaitement aux classements les plus exigeants, ne produisent aucun des grands crus* de Bourgogne : charité bien ordonnée n'a pas commencé par soi-même.

Cellier à Beaune.

L'origine de la culture de la vigne autour de Beaune se perd dans la nuit des temps. Le vin de Beaune, plus qu'un certain Château-Neuf aurait été responsable, selon Pétrarque, du peu d'empressement des papes avignonnais à revenir à Rome. Plus récemment, le précieux breuvage aurait mis fin à la stérilité d'Anne d'Autriche et aurait permis la conception du futur Louis XIV, sur intercession, bien sûr de l'Enfant-Jésus dont une vigne célèbre porte le nom.
Les vignobles de Beaune produisent essentiellement du rouge (16 187 hl contre 1 555 hl) issu classiquement de *pinot noir** et de *chardonnay** pour le blanc. L'étendue de la zone crée des disparités entre les vins, notamment entre les vins produits dans le sud et le centre de la zone, plus tanniques et à la robe soutenue, et ceux du nord, plus souples et de couleur moins intense. Les arômes des rouges sont fruités, avec une note animale, les blancs étant amples, souples, gras, suffisamment acides pour conserver le relief nécessaire.
Les innombrables caves de Beaune donneront l'occasion d'établir facilement des comparaisons entre les différents climats*.
Certains vins produits dans la zone peuvent prétendre à l'appellation Côte de Beaune*, dans une zone bien délimitée, l'appellation peut être suivie du nom du climat* d'origine sachant qu'aucune parcelle n'est classée en premier cru*.
On gagnera à n'ouvrir les rouges qu'au bout de 4 à 5 ans, une conservation* au-delà de 10 ans ne posant aucun problème.

Blagny (appellation communale)

Niché au-dessus de Puligny-Montrachet*, le village de Blagny n'est même pas une commune, ce qui ne l'empêche pas de détenir une appellation… communale ; toujours la logique bourguignonne ! Pour compliquer la chose, le vignoble délimité (54 ha) court à égalité sur les communes de Puligny (29 ha) et de Meursault* (25 ha), les vins blancs bénéficiant de l'une ou l'autre appellation* en fonction de leur commune d'origine… On notera que les vins non-classés en premier cru* peuvent utiliser l'appellation Côte de Beaune-Villages*. Enfin, pour couronner le tout, il faut savoir que l'appellation Blagny peut être suivie soit de l'expression premier cru*, pour les climats* classés comme tel, soit du nom du climat d'origine du vin, soit des deux, soit encore de l'expression Côte de Beaune*.
Blagny présente cette originalité de posséder 44 ha de vignes classées en premier cru sur un territoire identifié de 54 ha.
Les Blagny sont fruités, développant les traditionnels arômes de fruits rouges et noirs, fraise et cassis en particulier, mais ils sont plus charpentés et considérés comme plus austères que leurs voisins.

Bonnes-Mares (grand cru)

Partagé entre les communes de Chambolle-Musigny* et Morey-Saint-Denis*, le grand cru Bonnes-Mares n'occupe pourtant que 15 ha, dont l'essentiel est sur Chambolle. Le vignoble, exposé plein est, est logé au pied de l'escarpement du talus, là où le sol calcaire est léger et où l'érosion a mêlé et accumulé les fragments arrachés à la côte*.
Le rouge (exclusivement) produit est plein, riche, puissant, avec des arômes caractéristiques de violette. C'est le vin préféré des amateurs de gibier.

Bourgogne (appellation régionale)

L'appellation Bourgogne est si générique qu'elle semble difficile à définir et à caractériser. Le BIVB*, pourtant en donne une définition claire qui évite tous les débordements.
Le vin pouvant revendiquer l'appellation Bourgogne est produit sur 4 départements et 384 communes : l'Yonne (54 communes), la Côte-d'Or (91 communes), la Saône-et-Loire (154 communes), mais aussi le Rhône (85 communes).
L'aire de production représente 3 000 ha assurant une production totale de près de 190 000 hl, dont 125 600 hl en rouges et rosés, le reste en blancs. Les premiers sont issus essentiellement de cépage *pinot noir**, mais aussi de *césar* (l'antique cépage local) et de *gamay**. Pour les blancs, le *chardonnay**, lui aussi d'origine très locale, l'emporte, avec cependant une timide percée du *sauvignon* en Auxerrois.
Les rendements ne dépassent pas 55 hl/ha pour les rouges et les rosés, 60 hl/ha pour les blancs. L'étendue et la diversité de l'aire de production rendent difficile une typologie stricte du vin d'appellation Bourgogne. En règle générale, le Bourgogne possède une robe d'intensité moyenne, teintée de pourpre quand il est jeune, tournant au rubis et à l'orange avec l'âge. La palette d'arômes est large. Ce sont des vins souples, modérément tanniques, pouvant être dégustés jeunes et vieillissant bien.

Bourgogne Aligoté (appellation régionale)

Bien que se situant au même niveau hiérarchique (régional) que l'appellation Bourgogne*, le Bourgogne Aligoté peut être considéré comme une déclinaison de la première. Elle peut en effet être accordée à des vins couvrant la même région et la même zone géographique (4 départements et 384 communes), sous réserve que ce soit des blancs, issus de cépages *ali-*

*goté** (exclusivement depuis 2000) et d'un maximum de 15 % de *chardonnay** (jusqu'en 1999).
La superficie concernée est de 1 400 ha avec un rendement limité à 60 hl. La production totale est de l'ordre de 94 500 hl.
Le Bourgogne Aligoté doit être léger, à robe or blanc aux reflets verts. C'est un vin frais, acidulé mais suffisamment souple, aux arômes de pomme verte et de citron, fin et long en bouche. Il peut se boire jeune.
On notera l'existence d'une appellation Aligoté Bouzeron spécifique, correspondant à la production d'un très bon blanc dans le village du même nom de la côte chalonnaise*.

Bourgogne Côtes du Couchois (appellation régionale)

C'est la petite dernière des appellations régionales* – uniquement du rouge, pour l'instant – accordée par l'INAO, en 2001. Les vignes concernées, situées dans le nord de la Saône-et-Loire, sur 5 communes (Couches, Dracy-lès-Couches, Saint-Maurice-lès-Couches, Saint-Sernin-du-Plain et Saint-Jean-de-Trézy) couvrent quelque 200 ha. Pour obtenir l'appellation*, les vignerons ont dû faire un effort sur les rendements, réduits de 55 à 48 hl/ha.
C'est un vin coloré, tannique, solide, promis, de ce fait, à une longue conservation.

Bourgogne Grand ordinaire (appellation régionale)

Bien que l'appellation puisse également être Bourgogne Ordinaire, on comprendra que les vignerons et les négociants* préfèrent toujours y associer l'adjectif « grand », même si elle ne correspond pas toujours à une réalité. Il n'en reste pas moins que le mot ordinaire ne suscite guère l'enthousiasme des producteurs, d'où des surfaces ne dépassant pas 160 ha pour les rouges et rosés, et 32 ha pour le blanc (malgré une aire correspondant à la totalité de la Bourgogne), et une production respective de 8 600 hl et de 2 000 hl. Les rendements maximums sont de 55 hl et 60 hl.
Rouges et rosés sont issus de cépages *gamay** et *pinot noir**, les blancs de *chardonnay**, *aligoté**, *melon de Bourgogne* et *sacy* (dans l'Yonne).

Bourgogne Hautes-Côtes de Beaune (appellation régionale)

Les mots Hautes-Côtes*, signalent, comme pour les Hautes-

Côtes de Nuits*, l'origine géographique de ces vins et donc de l'appellation*. Il s'agit en majorité de rouges (29 000 hl), les blancs ne comptant que pour 6 250 hl.

Une aire de production supérieure à celle des Hautes-Côtes de Nuits crée une plus grande diversité de la production, accentuée par la présence de cépages *gamay** et *aligoté**, aux côtés des classiques *pinot** et *chardonnay**. La robe des rouges est assez sombre et les arômes de fruits confits, avec des notes animales, affirmés. Les blancs révèlent des arômes d'amande grillée et de fruits secs.

L'étiquette des bouteilles doit porter la mention Hautes-Côtes de Beaune immédiatement après le nom Bourgogne.

Bourgogne Hautes-Côtes de Nuits (appellation régionale)

Issu, comme son nom l'indique, des vignobles de Hautes-Côtes*, le Bourgogne Hautes-Côtes de Nuits est constitué majoritairement de rouges (22 600 hl), les blancs ne représentant que 5 160 hl. Ils sont généralement issus de vignobles d'altitude (400 m), les blancs ayant souvent la préférence des amateurs. Fermes, ils conservent cependant le moelleux propre au *chardonnay**.

L'étiquette des bouteilles doit porter la mention Hautes-Côtes de Nuits immédiatement après le nom Bourgogne.

Bourgogne Passe-Tout-Grains (appellation régionale)

Ce vin, qui peut être produit sur l'ensemble de l'aire d'appellation Bourgogne présente l'originalité d'être obligatoirement issu d'un assemblage de cépages* : 1/3 *pinot noir**, 2/3 *gamay**. Dans les faits, il arrive souvent que les deux cépages* se retrouvent à part égale ce qui, au goût de certains, donnerait le meilleur Passe-Tout-Grains. Les surfaces de production sont importantes, avec quelque 1 200 ha, où le rendement est limité à 55 hl, pour une production totale de plus de 70 000 hl. Les deux tiers de la production viennent de Saône-et-Loire.

Bien qu'il existe du rosé (produit par « saignée » et non par pressurage direct), c'est surtout un vin rouge assez peu tannique, aux arômes très fruités, léger, qui gagne à être bu jeune.

Bouteille

Les grands vignobles français ont tous leur bouteille caractéristique. En Bourgogne, elle est en verre marron foncé ou vert sombre. Son épaulement est peu marqué, à la différence de la bouteille de Bordeaux. Le bouchon est généralement long (jusqu'à 54 mm), surtout pour les grands crus* et les premiers crus*.

Bouzeron (appellation communale)

Jusqu'en février 1998, le nom Bouzeron suivait simplement l'appellation Bourgogne Aligoté*. Ce petit village tout proche de Chagny déploie son vignoble de 61 ha entre 250 et 300 m, sur les pentes de la « montagne » de la Folie, qui culmine à 400 m, à l'ouest de Rully*. L'octroi de l'appellation* récompense un vin d'excellente qualité, produit aussi sur la commune de Chassey-le-Camp, toponyme évoquant un site néolithique signe de l'ancienneté de la présence humaine dans ce secteur. Qui sait si l'on ne découvrira pas un jour que l'homme préhistorique n'a pas attendu les Romains pour recueillir les fruits de la vigne avant de la cultiver ?
Les honneurs de l'appellation ont leurs contraintes : la mention du cépage* sur l'étiquette* n'est autorisée que jusqu'en 2003, sous réserve d'être inscrite immédiatement sous le mot Bouzeron, en caractères plus petits.

Bureau interprofessionnel des vins de Bourgogne (BIVB)

Dans une région viticole où la parcellisation est extrême, où cohabitent minuscules exploitations, grands négociants-éleveurs* et caves coopératives*, où l'on produit des petits vins aussi bien que des crus prestigieux, où le marché est local comme international, il n'était pas évident de faire parler la profession d'une même voix et de défendre des intérêts sinon divergeants, du moins, très diversifiés. Alors que l'interprofession des vins de Bordeaux s'était structurée collectivement dès 1918, et confortée en 1948 (CIVB), la Bourgogne devra attendre les années 1960 pour commencer à s'organiser unitairement.

La création d'un organisme interprofessionnel représentatif a été, en effet, initié en 1960 par la création, par décret, d'un Comité Interprofessionnel des vins de Bourgogne et de Mâcon (CIBM) pour la Saône-et-Loire. Le même organisme (CIB) est né en 1966 pour la Côte-d'Or et l'Yonne. Le mariage à l'essai eut lieu 10 ans plus tard, sous la forme d'une association loi 1901, le Fédération Interprofessionnelle des vins de Bourgogne (FIVB), réunissant les représentants des deux interprofessions fondatrices, CIBM et CIB.

L'affirmation d'une interprofession des vins de Bourgogne se fera en 1989 avec la création de l'actuel Bureau interprofessionnel des vins de Bourgogne (BIVB), par arrêté ministériel du 24 juillet, et dissolution des organisations d'origine : CIB, CIBM et FIVB.

L'organisation interprofessionnelle s'est aujourd'hui fixée plusieurs grandes orientations : améliorer et garantir la qualité et la sécurité des vins, notamment par un observatoire ; organiser les relations professionnelles et assurer la transparence économique du marché par l'élaboration et la diffusion de statistiques fiables ; assurer l'accueil, l'information, la promotion et la formation par le biais d'une école du vin ; enfin défendre les intérêts de l'ensemble de la filière et des vins de Bourgogne par une sensibilisation de l'environnement politique, économique et social. Basé à Beaune (tout un symbole), le BIVB représente (en 2001) 5 000 entreprises produisant 1 350 000 hl sur 25 000 ha.

Comme on le comprendra, le cépage utilisé est ici l'*aligoté** et non le *chardonnay**, omniprésent ailleurs en Bourgogne.
Le vin produit présente un bel aspect jaune pâle, caractéristique de l'*aligoté** prenant des reflets verts. Léger, sec, il n'en reste pas moins tendre. Il dégage d'agréables arômes de fleurs, évoluant vers la vanille.

Cadets de Bourgogne

En Bourgogne plus peut-être que partout ailleurs en France, « tout fini par des chansons ». Les chapitres de la Confrérie des Chevaliers du Tastevin* n'y échappent pas. Chantres du répertoire bourguignon, en tenue de caviste, casquette et tablier noir, tastevin* accroché au cou, les Cadets, dignes héritiers des Chanteurs bourguignons sont étroitement liés à la naissance de la Confrérie. « Toujours buveurs, jamais ivrognes », accompagnés d'une petite formation musicale, ils charment l'oreille pendant que d'autres régalent le palais.

Calendrier de la vigne

Comme tout végétal, la vigne a un cycle, qui détermine les différents travaux de viticulture, et aboutit à la production de raisins dont la qualité et le degré de maturité sont à la base même de l'originalité et de la qualité des vins de Bourgogne.
Le climat bourguignon est fait d'hivers souvent rigoureux, assez peu arrosés, propices au repos profond dont la vigne a besoin. C'est l'époque de la taille, hors des périodes de gel, qui restructure, reforme le cep* par un rapprochement au tronc, et permet de privilégier un certain nombre de bourgeons latents. Préparée en novembre (le vigneron coupe alors le sarment qui a porté la grappe), elle se poursuit en février-mars selon les parcelles et le type de taille.
Le printemps est souvent tardif en Bourgogne. C'est pourtant dès mars que se manifeste le réveil de la vigne par une montée de sève qui perle à l'extrémité des sarments taillés : on dit que la vigne « pleure », phénomène normal, mais qui peut être fatal au cep* si la taille a été maladroite ou trop tardive (il peut se vider entièrement de sa sève et dépérir). Bien géré, en revanche, ce phénomène constitue une protection pour la vigne, en empêchant virus et bactéries de pénétrer dans la plaie causée par la taille. Même s'il fait encore froid (les gelées restent à craindre jusqu'en mai), la vigne profite des moindres rayons de soleil qui, compte tenu de l'inclinaison des côtes*, l'atteignent verticalement.
Dès que la température dépasse 8 à 10 °C, les bourgeons latents s'éveillent, s'ouvrent et rejettent leur bourre (c'est le débourrement), ou « coton » pour laisser apparaître une pointe annonciatrice des feuilles et des fleurs.
En avril, les feuilles se déploient en même temps qu'apparaissent les embryons de fleurs : la vigne est alors à la merci de gelées tardives en fin de mois. Le soleil, heureusement plus fort, réchauffe les sols et favorise le réveil de la végétation.
Il faudra attendre fin mai-début juin pour que la floraison s'épanouisse et que les feuilles se développent, lentement d'abord, puis très vite comme le veut la nature même de la vigne qui, maîtrisée par l'homme depuis la nuit des temps, n'en reste pas moins une liane. Le vigneron « rogne » alors pour la contenir.
Les fleurs, peu significatives pour le néophyte, sont l'objet de toute l'attention du vigneron, car elles sont porteuses

Cep en hiver.

d'avenir. Si la menace des gelées s'éloigne, la vigne craint alors l'excès de pluie qui peut faner les pétales, les coller, formant un capuchon qui emprisonne la fleur, entrave la fécondation et la fait avorter : en année normale, la moitié des fleurs disparaît ainsi sans descendance.
Si tout se passe bien, de petites baies apparaissent : c'est la nouaison. En 3 ou 4 semaines, en fin juin et en juillet, elle va aboutir à la formation des grappes qui, normalement, iront à maturité. Les grains se forment et grossissent par division cellulaire. Il faut alors éclaircir pour ne conserver que le nombre optimal de grappes par pied.
En août les grains atteignent leur plein volume ; ils changent alors de couleur, virant du vert-jaune au jaune transparent ou au violet sombre selon les cépages*.
Le bois se renforce, les sarments se lignifient. On voit apparaître alors de petits bourgeons à l'aisselle des feuilles, prémices de la végétation de l'année suivante : c'est l'aoûtement des sarments, qui fait que la récolte d'une année se prépare l'année précédente.
Pendant tout le mois d'août et les premiers jours de septembre, le chaud soleil bourguignon amène le raisin jusqu'à sa maturité, les grappes devant bénéficier d'un plein ensoleillement. Les nuits, de plus en plus fraîches, lui conservent une certaine acidité, indispensable à son bon équilibre aromatique.
Lorsque le raisin est mûr c'est l'heure des vendanges*.

Multiplication : le repiquage des boutures.

Taille d'hiver : le prélèvement des sarments.

Cep

C'est le tronc de la vigne, sa partie lignifiée, de plus en plus tortueuse au fil des ans, comme toute liane dont on contrarie l'expansion.

Les ceps utilisés en Bourgogne sont presque tous obtenus par multiplication végétative (bouture) et non par semis des pépins, qui ne garantit pas la reproduction fidèle des qualités et des caractéristiques du sujet. Le clonage à partir de cellules exemptes de virus, est une garantie d'obtention de plants sains, plus résistants que ceux obtenus par greffage. Il permet une sélection plus rigoureuse des qualités que le vigneron peut attendre de sa vigne. Il devra toujours résister, cependant, à la tentation de privilégier la productivité et les rendements au détriment de la qualité.

Une vigne peut produire de façon significative à partir de 10 ou 15 ans, mais ce sont les vieilles vignes, de 30 à 40 ans, qui sont dignes de produire les plus grands vins de Bourgogne. Avec l'âge, les grappes sont moins abondantes, les grains moins gros mais ils concentrent les arômes subtils qui participent à la personnalité incomparable des grands vins de Bourgogne.

Bien traité, un cep peut produire pendant 100 ans.

Cépages

Les cépages sont le fruit d'hybridations naturelles et de la sélection des hommes depuis la plus haute Antiquité. Nés des hasards de la nature puis de la sélection empirique des hommes, ils sont

aujourd'hui le résultat de méthodes scientifiques très élaborées faisant appel à la biologie. Comme tous les grands vins français, le bourgogne est issu de plusieurs cépages, les principaux étant le *pinot noir**, le *chardonnay**, le *gamay** et l'*aligoté**. Les deux premiers – le *pinot noir* et le *chardonnay* –, qui sont parmi les plus cultivés au monde, seraient même originaires de Bourgogne. Les cépages *césar* et *sauvignon* ne sont utilisés que de façon très ponctuelle, l'un pour la production de l'Irancy*, et l'autre pour celle du bourgogne produit à Saint-Bris-le-Vineux, tous deux dans l'Auxerrois*.

Chablis (appellation communale)

Le Chablis est un magnifique vin blanc, jaune brillant aux reflets verts, très limpide. Sa palette aromatique est diversifiée. Elle est faite de fruits frais, puis de fruits secs, avec souvent un côté minéral, et en particulier une touche de pierre à fusil très caractéristique. Ils sont à servir frais (12 à 14 °C) mais pas trop froids. Comme l'ensemble des vins du Chablisien*, le Chablis est issu exclusivement de cépage *chardonnay**. On peut le boire jeune (à partir de 2 ans) car il prend très vite ses arômes, mais il est toujours préférable d'attendre 3 ou 4 ans. Sans que ce soit un vin de longue garde, il se conserve très bien pendant une bonne dizaine d'années. Son bouquet et ses arômes deviennent alors très riches.

Sur les 3 425 ha d'appellation, 747 sont classés en premier cru*. Ce sont des vins de grande complexité aromatique, puissants, aux parfums d'amande, de miel d'acacia, avec une note d'acidité. Ils sont au mieux à partir de 5 ans mais peuvent se conserver plus de 10 ans. Comme pour le Petit Chablis*, le rendement est limité à 50 hl/ha, AOC et premiers crus* confondus. La production est d'environ 164 000 hl.

En matière d'appellation*, le Chablis bat des records de complexité : si l'aire de production s'étend sur une petite vingtaine de communes, l'appellation peut être suivie soit de la mention premier cru soit du nom du climat* d'origine, soit de l'un et de l'autre pour les vins provenant de parcelles classées en premier cru. Il existe 17 climats et au moins 26 sous-climats, pouvant être associés à l'appellation comme à celle des climats principaux. Cette complexité a jeté le trouble dans l'esprit des amateurs, sachant qu'une grande majorité des vins est vendue sous l'appellation Chablis AOC.

Les grands crus* sont issus des collines les mieux exposées, situées immédiatement au nord de Chablis. Ils sont répartis en 7 climats – Blanchot, Bougros, Les Clos, Grenouilles, Preuses, Valmur et Vaudésir – sachant qu'une 8e parcelle (La Moutonne), située sur Vaudésir, n'est pas reconnue comme grand cru par la profession, bien qu'elle le soit par l'INAO ; tout un symbole !

La zone de production classée grand cru représente 98 ha seulement, dans lesquels le rendement est limité à 45 hl/ha, pour une production totale de 5 452 hl.

Aristocratie des Chablis, les grands crus sont charnus, corsés et perdent de la fermeté et du tranchant avec l'âge (ce sont des vins de grande garde) au profit d'un certain moelleux. Puissants et vigoureux, ils ne sont à boire qu'au bout de 7 ou 8 ans et peuvent se conserver fort longtemps. Les arômes restent intenses et les saveurs profondes.

Cépage chardonnay.

CHABLISIEN

Le vignoble de Chablis s'étend sur les talus des plateaux calcaires et caillouteux qui bordent le Serein, petit affluent de l'Yonne, aux franges du Bassin parisien. Lorsqu'on vient de la capitale, c'est le premier vignoble bourguignon que l'on traverse, à l'est d'Auxerre. Les hasards de l'histoire en ont fait une terre bourguignonne, alors que la géographie aurait pu le placer en Champagne. Vignoble d'importance avec quelque 4 000 ha (sa surface a quadruplé depuis 1970), ce n'est pourtant que le vestige d'une région viticole dix fois plus vaste, qui couvrait jusqu'à la Côte-d'Or au XIXe siècle. Ravagées par le mildiou et le phylloxéra, les vignes n'ont été replantées, à partir de porte-greffes américains, qu'aux environs de Chablis, sur les pentes de la vallée les mieux exposées et surtout les moins soumises aux gelées tardives, point faible de ce vignoble. Si le Chablisien bénéficie en effet des étés chauds, propres au climat continental, favorables à la maturation du raisin, il souffre en revanche de coups de gel dévastateurs, qui peuvent frapper jusqu'en avril-mai, alors que la vigne se réveille, voire quand elle est en pleine floraison. C'est l'une des préoccupations majeures des vignerons qui déploient des efforts considérables pour réchauffer les vignes lorsque la menace se précise. Apparues dans les années 1950, les chaufferettes permettent normalement de limiter les dégâts en maintenant les vignes hors gel quand la température descend jusqu'à - 5 °C. L'aspersion, méthode surprenante qui consiste à traiter le mal par le mal en mouillant les bourgeons lorsque la température atteint le point de gel, est l'autre grande méthode de défense contre le froid. L'une et l'autre sont fort coûteuses et pèsent lourdement sur les coûts de production du vin. Ici la monoculture est totale, les exploitations sont assez vastes et le relief suffisamment régulier (malgré quelques pentes abruptes) pour permettre une mécanisation importante, notamment pour les vendanges*, d'où de bons rendements, sans préjudice pour la qualité.

Vignoble du chablisien.

Un sol argilo-calcaire bien drainé, grâce à une forte proportion de particules détritiques de fossiles coquilliers se prête à merveille à la culture de la vigne, et notamment à celle du seul cépage* autorisé pour la production des vins d'appellation : le *chardonnay**.

L'usurpation du nom, notamment aux États-Unis, est à la fois un indéniable préjudice compte tenu de la médiocrité de

certaines productions américaines, et une chance car elle a fait connaître l'appellation dans le monde entier. Le Chablisien est une terre de grands vins blancs, élevés en fûts de chêne ou en cuves métalliques, et offrant toute la gamme des appellations* de bourgogne : régionales, communales, premiers crus* et grands crus*. La classification est plus simple qu'ailleurs en Bourgogne, puisque le Chablis* est toujours un blanc, issu d'un seul et même cépage.

Si le Petit Chablis* est un vin léger et frais, à boire jeune (de préférence dans l'année de la récolte, au maximum dans les 2 ans), le Chablis* et les premiers crus* peuvent être conservés plus longtemps, mais ils développent rapidement saveurs et arômes, ce qui permet de les boire dès la deuxième ou la troisième année. Les Chablis grands crus* sont des vins de garde d'exception, issus de 7 climats*, aux arômes puissants et complexes.

Utilisation de chaufferettes contre le gel.

Chambertin (grand cru)

Une légende locale veut que le Clos de Bèze fût la première parcelle plantée de vigne dans la région, par les moines de l'abbaye du même nom, en 630. S'inspirant des bons résultats obtenus, un certain Bertin aurait fait de même dans sa terre voisine : telle serait l'origine du vignoble de Chambertin et de deux des plus grands crus* de Bourgogne, dont l'aire de classement en premier cru* couvre 12,90 ha pour le premier, 15,40 ha pour celle de Chambertin-Clos-de-Bèze. Le rendement limité à 35 hl/ha dépasse rarement 30 hl/ha.

Il est amusant de noter que si les vins d'appellation Chambertin-Clos-de-Bèze peuvent être désignés sous l'appellation Chambertin, l'inverse n'est pas possible.

Ils voisinent aujourd'hui avec 9 autres grands crus, dont 6 associent au nom de leur climat* celui, très porteur, de Chambertin.

Ces vins débordent d'arômes : cassis, mure, vanille tirant vers le pruneau et la réglisse. Il faut savoir attendre et ne les boire qu'au bout de 15 ou 20 ans. Un investissement à long terme…

Chambolle-Musigny (appellation communale)

Située au cœur des Côtes de Nuits*, juste au-dessus de Vougeot*, la commune de Chambolle-Musigny produit presque uniquement des rouges (le blanc est confidentiel), issus exclusivement de *pinot noir**, réputés pour leur finesse et leur élégance, sans rien abandonner de leur puissance. Les vignes produisent ici entre 250 et 300 m d'altitude, une position élevée pour cette partie du vignoble. Le terroir délimité compte 155 ha, dont 61 classés en premier cru* répartis en 25 climats, parmi lesquels Les Amoureuses et Les Charmes (cela ne s'invente pas !) de grande réputation. La commune peut revendiquer deux grands crus* – Bonnes-Mares* et Musigny* –, tous deux bénéficiant d'une excellente exposition est.

L'appellation Chambolle-Musigny peut être suivie, pour les parcelles classées, de l'expression premier cru*, ou du nom du climat* d'origine, ou des deux. Les vins provenant de parcelles non-classées en premier cru peuvent utiliser le seul nom du climat* d'où ils proviennent.

Avec un rendement à l'hectare limité à 40 hl, la production atteint tout de même 6 255 hl, dont 561 de Bonne-Mares et 372 de Musigny.

La robe des Chambolle-Musigny est moyennement colorée. Ce sont des vins puissants, charnus, aux arômes de fraise confite, de framboise et au nez de violette très caractéristique.

Chardonnay

C'est, après le *pinot noir**, le deuxième grand cépage* de Bourgogne. Il produit presque tous les vins blancs, à l'exception de l'Aligoté* et du Bouzeron*. Le village millénaire du même nom, dans la région de Chalon, en revendique bien sûr la paternité, laquelle n'est

Chambolle-Musigny.

cependant pas prouvée. Connu depuis fort longtemps, classé comme le *pinot noir** parmi les cépages*, il ne s'affirme cependant qu'au XIXe siècle pour son excellente fertilité et de belles qualités d'adaptation, qui lui valent d'occuper aujourd'hui quelque 12 000 ha, soit 48 % des surfaces cultivées en vigne. Il aime les terrains argilo-calcaires, mais s'adapte bien à différentes qualités de sols, pourvu que ces derniers soient à dominante calcaire. Il craint les gelées tardives, mais c'est un cépage vigoureux, qui produit des grappes moyennes, assez allongées, moins denses que celles du *pinot noir**. Les grains sont irréguliers, jaune d'or, et recèlent un jus sucré très abondant. Comme le *pinot noir**, il est à l'origine de vins simples, frais et légers, comme le Mâcon-Villages*, aussi bien que de crus riches, puissants et très charpentés comme le célèbre Montrachet*. C'est aujourd'hui le cépage* de blanc le plus répandu dans le monde, de l'Australie à la Californie en passant par la Nouvelle-Zélande.

Chassagne-Montrachet (appellation communale)

En Bourgogne, lorsqu'on possède sur sa commune deux grands crus* prestigieux (Montrachet et Bâtard-Montrachet), on est parfois obligé de les partager avec son voisin… Tel est le cas de Chassagne et de Puligny qui se partagent l'honneur de posséder chacun une partie du célèbre climat*, le Montrachet, dont la superficie n'excède pas, pourtant, 8 ha. Pour ne pas faire de jaloux, l'un et l'autre ont accolé à leur toponyme celui de Montrachet.

Par-delà les querelles de clochers, une chose est indéniable : alors que le rouge est anecdotique à Puligny, à Chassagne* il fait presque jeu égal (après avoir dominé) avec le blanc (6 600 hl de rouge et 8 700 hl de blanc). L'aire de production est un peu plus vaste, avec 339 ha dont 159 classés, un ratio proche de celui de la commune voisine. L'appellation déborde un peu (7 ha) sur Remigny.

Comme à Santenay*, on se plaît ici à mettre en relief un savoir-faire particulier dans la conduite de la vigne : le cordon de Royat. Une pratique bien sûr critiquée ailleurs (sic) comme trop favorable au rendement, lequel est pourtant limité à 45 hl/ha pour les blancs et 40 pour les rouges : les deux voisins sont logés à la même enseigne.

Le vignoble compte bien son lot (une vingtaine) de premiers crus* avec, ici, un écueil supplémentaire d'identification entre blancs et rouges.

Les premiers sont puissants, gras et corsés, avec des arômes d'amande fraîche, tournant à l'amande grillée

Climat Pommard.

si on laisse le vin vieillir. Ils sont très longs en bouche.
Les rouges, puissamment colorés, sont charpentés et charnus, mais aussi frais. On retrouve les arômes classiques des grands bourgognes avec une nuance de cerise et de cassis très prononcée. Rouges et blancs sont des vins de longue garde.

Climat

En Bourgogne comme ailleurs, le mot climat désigne un ensemble de données météorologiques dont la spécificité garantit des conditions idéales pour la croissance et la fructification de la vigne. Des étés chauds se prolongeant jusqu'en octobre, des hivers rigoureux favorisant la verniculisation, des printemps tardifs, conviennent merveilleusement à la culture de la vigne. La présence de côtes*, c'est-à-dire de terrains inclinés très bien exposés, permet de tirer partie du moindre rayon de soleil.
En Bourgogne, cependant, le mot climat a une signification particulière. À la différence d'autres grands vignobles français, la Bourgogne a connu une parcellisation extrême : le célèbre Clos de Vougeot*, par exemple, ne compte pas moins d'une centaine de propriétaires pour un peu plus de 50 ha. La spécificité des vins issus de ces parcelles aboutit à une diversité de classements et d'appellations* ayant de quoi dérouter l'œnologue le plus averti. Le classement des crus de Bourgogne repose donc sur la notion de climat, associée aux parcelles. Il en existe des centaines, dont près de 600 classés en premier cru*. Strictement répertoriés, ils résultent du classement effectué en 1861 par le Comité d'agriculture de l'arrondissement de Beaune*, confirmé en 1935 par l'INAO.

Château Clos de Vougeot.

Clos de Vougeot (château du)

Bâti à la demande de Jean Loisier en 1551, abbé de Cîteaux, l'actuel château a été édifié à l'emplacement de bâtiments plus anciens, comme en témoignent la cuverie – conçue pour loger quelque 2 000 pièces – et le cellier qui remontent au XIIe siècle. C'est entre cette époque et le XVe siècle que s'établissent les limites du clos, fierté de l'abbaye jusqu'à la Révolution et la vente du domaine, comme Bien national, en 1791. En dépit d'une parcellisation extrême, sa surface (50,85 ha) restera immuable.

Si les tours carrées évoquent le Moyen Âge, la porte d'entrée est comme une ouverture sur la Renaissance. Laissé à l'abandon pendant une bonne partie du XIXe siècle, l'édifice sera lentement restauré au siècle suivant par un négociant, Léonce Bocquet, qui en fit l'acquisition en 1891. Ayant beaucoup souffert de l'occupation pendant la dernière guerre, le château a été confié à la Confrérie des Chevaliers du Tastevin* – qui en a fait son siège – à la Libération.

Clos de Vougeot (grand cru)

Ce clos, l'un des plus grands crus* de Côte de Nuits* et de la Bourgogne tout entière est un paradoxe : c'est à la fois l'un des climats* les plus vastes (50,60 ha, dont 47,63 ha en exploitation) et l'un des plus morcelés (on parle d'une centaine de propriétaires).

On sait tout ou presque de l'histoire du célèbre clos, dont les limites ont été établies au début du XIIe siècle, sous l'égide des moines de Cîteaux. Pendant plus de sept siècles, ils en feront la perle des vignobles de Bourgogne. La vente interviendra à la Révolution, comme Bien national, en même temps que celle de l'abbaye de Cîteaux*, mais ce n'est qu'à la fin du XIXe siècle que commencera le morcellement, chacun semblant vouloir avoir un arpent du prestigieux climat* (la plus petite parcelle fait 20 ares).

Limité par un mur, comme il sied à un clos, le vignoble produit un peu plus de 1 700 hl, correspondant au rendement maximum autorisé de 35 hl/ha. La partie haute est considérée comme étant meilleure que la basse car mieux drainée.

Uniquement rouge, le Clos de Vougeot ou Clos Vougeot est issu exclusivement de *pinot noir**.

C'est un vin à la robe rouge profond, harmonieux, élégant, aux arômes complexes où dominent les fruits rouges, le sous-bois et la violette, évoluant vers la fourrure et le musc avec l'âge. Il est ample en bouche, moelleux, finement tannique et légèrement acide comme il convient pour un vin de longue garde.

Les vignes du Clos de Vougeot.

La réunion du Chapitre.

Confrérie des Chevaliers du Tastevin

Au début des années 1930 la crise n'épargne personne : en Bourgogne c'est la mévente, et deux Nuitons – Camille Rodier et Georges Faiveley – constituent le syndicat d'initiative de Nuits-Saint-Georges. En 1933, pour attirer l'attention sur leurs vins, ils décident d'organiser une grande dégustation autour d'un bon repas, dans une belle cave ; et pour lui donner le relief qu'il convient, ils créent la Confrérie des Chevaliers du Tastevin. Dans la droite lignée de l'Ordre des Francs-Buveurs bourguignons (disparu un siècle plus tôt), le Chapitre inaugural se tient le 16 novembre 1934, selon un rituel très cérémonial, haut en couleurs, que lui envieront (et imiteront) par la suite bien des confréries vineuses. Depuis, la Confrérie a essaimé de par le monde, aux États-Unis, au Maroc, au Sénégal, en Côte-d'Ivoire, en Australie, aux Bermudes, à Porto Rico, au Canada, au Japon, en Amérique latine, en Chine et à Tahiti avec pour objectif de « faire trinquer le monde entier à la santé de la France ».

L'esprit des fondateurs – disparus respectivement en 1963 et 1968 – ne quittera jamais les Chevaliers, qui perpétuent la grande tradition festive et fraternelle bourguignonne, et se fixent pour objectifs « la mise en valeur des produits de la Bourgogne et particulièrement de ses grands vins et de sa cuisine régionale, le maintien des fêtes, coutumes et traditions du folklore bourguignon, le développement du tourisme en Bourgogne ».

Gouvernée par un Grand Conseil de 14 membres présidé par un Grand-Maître, la Confrérie compte quelque 10 000 chevaliers – dont beaucoup de grands de ce monde –, sélectionnés (et parrainés) pour « le mérite autant que pour le talent » et intronisés – pour ne pas dire initiés – selon un rituel immuable. Ils jureront alors sur la « sainte ampoule bourguignonne d'être de mœurs vineuses irréprochables et de servir la Bourgogne ». L'impétrant sera alors armé chevalier d'un coup de cep* sur l'épaule « par Noé, père de la vigne, par Bacchus, Dieu du vin, et par saint Vincent*, patron des vignerons ». Le Nouveau chevalier reçoit le tastevin* et le cordon pourpre et or, signes de sa qualité. Les plus « méritants » pourront espérer être élevés aux grades de Commandeur, puis d'Officier-commandeur enfin de Grand-Officier.

L'année « tastevinesque » est bien remplie avec une quinzaine de chapitres par an. Animés par les Cadets de Bourgogne* et « alimentés » par les toques blanches, « officiers de bouche » de la Confrérie, le repas accueille à chaque fois environ 500 convives. Les chapitres sont répartis au fil des quatre saisons, depuis la Saint-Vincent tournante*, le dernier samedi de janvier (aujourd'hui le week-end), jusqu'à la Saint-Hubert.

La Confrérie n'est pas seulement une organisation de bons vivants et de francs ripailleurs (ce qu'elle revendique pourtant haut et fort) ; elle ne perd pas sa mission d'amélioration de la qualité des vins par le Tastevinage*, « examen de confiance » plus que concours qui met en compétition les meilleurs vins de Bourgogne. Il permet à la Confrérie de récompenser et de mettre à l'honneur les vins qui « expriment à la perfection la sincérité de l'appellation* et du millésime* ».

Installée depuis 1945 dans le prestigieux château du Clos de Vougeot*, la Confrérie marque son indépendance en ne possédant aucune vigne et en ne produisant aucun vin.

Conservation

Le néophyte considère souvent qu'un grand vin est forcément un vin très vieux. Il est trompé, en cela, par le prix astronomique atteint dans les ventes aux enchères – et sur la carte de certains restaurants – par d'antiques bouteilles* de crus prestigieux. Il ne faut pas confondre ici collection et gastronomie et savoir affirmer que les grands bourgognes rouges atteignent leur apogée vers 15 à 20 ans, pour les grandes

Très vieilles bouteilles.

La conservation des bouteilles dans les caves de Bouchard Père & Fils à Beaune.

années, et 8 à 15 ans pour les années moyennes. Quant aux bourgognes blancs, ils sont au mieux d'eux-mêmes entre 5 et 10 ans. La question de savoir si les vins de garde peuvent continuer de se bonifier au-delà de cet apogée reste controversée. La bonification du vin avec le temps demeure mystérieuse. Avec l'âge, la robe des vins rouges s'éclaircit et prend des nuances orangées. Les arômes liés au raisin lui-même et à la fermentation s'éloignent au profit du bouquet. Ils sont plus souples en bouche, gagnant en finesse par diminution de l'astringence.

Tout ceci n'est possible que si le vin est bien traité, dans une cave suffisamment fraîche (15 °C) ni trop humide, ni trop sèche, entre 70 et 80 % d'humidité, à l'abri de la lumière, des vibrations et des émanations pouvant pervertir le vin.

Quand on n'a pas la chance de posséder un tel local, on se tournera vers une armoire à vin thermo et hygrorégulée restituant des conditions satisfaisantes de conservation.

Coopératives

Entre petits propriétaires et négociants-éleveurs*, il y a les coopératives, présentes surtout dans la région de Chablis, dans les hautes-Côtes et en Mâconnais. L'union faisant la force, elles disposent des moyens qui manquent souvent à l'entreprise individuelle, notamment pour investir dans des équipements modernes et performants, dans le respect des traditions. Elles favorisent aussi la formation de leurs adhérents en vue d'une meilleure connaissance des principes de culture et de vinification*. Dans bien des cas, la coopérative prend livraison du moût, tout en individualisant chaque appellation d'origine. Elle assure ensuite l'ensemble des opérations d'élevage*, de conditionnement et de commercialisation du vin.

Corton (grand cru)

L'essentiel de l'aire d'appellation grand cru (160 ha) s'étend sur Aloxe-Corton* (121 ha), avec une extension sur les deux communes voisines, de Ladoix-Serrigny* (17 ha) et Pernand-Vergelesses* (17 ha).
Le Corton, qu'il ne faut pas confondre avec le Corton-Charlemagne*, autre grand cru* à part entière, est le plus vaste des grands crus* de Bourgogne. Il tire son nom de la « montagne » de Corton, couronnée de bois, qui culmine à 388 m. Les vignes ne dépassent pas 350 m et s'étagent sur la pente jusqu'à 235 m, au niveau du village de Ladoix. L'exposition est sud/sud-est au fur et à mesure qu'on tourne autour de la colline. On enregistre donc des différences d'exposition, comme des variations de terrain qui peuvent nuancer les climats*, au nombre de 27 (dont 1 toléré).
Il s'agit pour l'essentiel de rouges, issus exclusivement de *pinot noir**, dont la production (3 600 hl) est strictement contenue par un rendement maximum autorisé de 35 hl/ha. Le blanc est symbolique, avec une petite centaine d'hectolitres par an.
Réciprocité avec l'aire de Corton-Charlemagne, certaines parcelles plantées en *pinot** ou en *chardonnay** peuvent bénéficier, au choix du producteur, de l'appellation Corton (rouge), Corton-Charlemagne ou Charlemagne (blanc).
Le Corton est un vin très coloré, sombre, dont la structure est renforcée par des tannins importants. Les arômes de fruits rouges, très présents quand il est jeune, évoluent vers le sous-bois, le sauvage, la truffe et le cuir avec l'âge, qui peut être important compte tenu de l'acidité et d'un degré naturel élevé.

Corton-Charlemagne (grand cru)

Aujourd'hui, cette appellation de Corton-Charlemagne englobe la vieille appellation Charlemagne qui n'est plus revendiquée, le « label » Charlemagne restant… impérial ! La légende attribue à celui qui n'était encore que le roi des Francs la création de ce vignoble de blanc, la légende ajoutant qu'il ne voulait pas tacher sa barbe fleurie (dont on a tout lieu de croire qu'il ne la porta jamais).
Le Corton-Charlemagne est réparti entre les communes d'Aloxe-Corton* (48,60 ha), de Pernand-Vergelesses* (17,30 ha) et Ladoix-Serrigny (6,10 ha). Il bénéficie d'une exposition plein sud entre 250 et 350 m d'altitude,

en pleine pente, garantissant une maturation optimale des raisins, explication de la puissance de ce vin au degré naturel élevé.
Le Corton-Charlemagne est uniquement un blanc, exclusivement issu de cépage *chardonnay**. Mais comme rien n'est jamais simple en Bourgogne, certaines parcelles, curieusement plantées en *pinot** peuvent produire du rouge rattaché aux grands crus rouges de Corton
On en restera bien sûr à l'analyse du blanc, à la belle robe dorée, sans avoir besoin d'attendre les années. C'est un vin très typé, aux parfums de noix fraîche, de pêche de vigne et de fruits exotiques, légèrement poivré, avec un soupçon de cannelle. Moelleux, avec cependant l'acidité nécessaire aux vins de très longue garde (pas question de l'ouvrir avant 5 ou 10 ans pour laisser s'atténuer une note trop boisée).

Côte

La mer ne baigne évidemment pas le vignoble bourguignon. Le mot côte désigne ici une réalité topographique que les géographes appellent une « cuesta ». Le relief de côte est formé de couches sédimentaires de terrains inclinés, de duretés alternées, la couche la plus dure correspondant au sommet et au revers du relief, et formant une corniche. Celle-ci surplombe la côte elle-même, qui forme une pente plus ou moins douce selon l'inclinaison des couches du terrain et leur dureté.
Le relief de côte crée des conditions d'altitudes, de terrains et d'expositions variées déterminant des biotopes extrêmement différents : cette diversité est à l'origine de la hiérarchie des niveaux de qualité des appellations* (AOC) entre le sommet de la côte et la limite de la plaine, les conditions optimales de culture de la vigne étant réunies à mi-pente où se trouvent la grande majorité des grands crus* et des premiers crus*. Le classement des climats* tient en effet compte bien sûr de la qualité des vins produits, mais aussi de l'altitude, de l'inclinaison des sols, de la profondeur des terrains, de la granulométrie (proportion entre les différents éléments qui les composent), enfin de l'exposition (l'exposition nord, par exemple, étant exclue, l'exposition ouest étant rarement retenue).
Réalité géographique et expression toponymique d'un type de relief très favorable à la vigne, le mot côte est donc logiquement associé à plusieurs des plus grands vignobles, et donc à plusieurs des appellations* les plus prestigieuses de Bourgogne.

La roche
de Solutré,
butte témoin
de la côte, avancée en
Mâconnais.

Vignoble de côte.

CÔTE CHALONNAISE

La côte chalonnaise est le prolongement géographique du relief de côte* qui, de Dijon à Mâcon, forme la colonne vertébrale des plus prestigieux vignobles de Bourgogne, dont l'Auxerrois est comme un satellite. Elle constitue un ensemble homogène de taille comparable à celui des Côtes de Beaune*, déroulant vers le sud une bande de 25 km, à partir de Chagny, sur environ 7 km de large.

On retrouve, comme au nord, les caractéristiques géologiques argilo-calcaires avec des sols légers et bien drainés. Le relief, pourtant, n'est plus celui d'une « cuesta » marquée comme au nord, mais plutôt une alternance de collines et de vallées. Les vignes sont plantées sur les pentes les mieux exposées, celles qui bénéficient d'un excellent ensoleillement. On est ici en présence d'un climat aux étés chauds et aux automnes de plus en plus secs à mesure que l'on descend vers le sud. On n'est plus dans une région exclusivement viticole, et les vignes alternent avec les champs de céréales, les bois et les prés.

Les origines du vignoble sont anciennes et la production viticole a depuis toujours été encouragée par la proximité

Côte chalonnaise.

de ce grand centre d'échange qu'est Chalon-sur-Saône (pourtant située hors de la zone de production, à une dizaine de kilomètres), depuis au moins le Moyen Âge. Comme ailleurs, les moines ont joué ici un rôle important dans l'établissement et le développement des vignes dès le Xe ou le XIe siècle.

Prolongement géographique de la côte de Beaune*, la côte chalonnaise emprunte aujourd'hui, dans ses meilleurs vignobles, les cépages* nobles (*pinot noir** en rouge, et *chardonnay** en blanc), après avoir succombé, au lendemain de la crise du phylloxéra, à la tentation du *gamay**, plus productif. Voies navigables, le canal du centre et la Saône toute proche incitaient, il est vrai, à la recherche de débouchés commerciaux, à l'augmentation des rendements et à la production de vins de consommation courante, après la terrible crise qui avait frappé la Bourgogne (comme tant d'autres régions françaises). Il faudra attendre le milieu des années 1930 pour que le vignoble se reconstitue sur des bases saines, privilégiant la qualité sur la quantité. Le *gamay**, reste présent (aux côtés du *pinot noir**) dans l'élaboration du Bourgogne Passe-Tout-Grains*, seul vin de Bourgogne d'assemblage. L'aligoté*, enfin, est présent dans le secteur de Rully*.

Comme plus au nord, on élabore ici des blancs comme des rouges. La côte chalonnaise possède moins de noms prestigieux qu'au nord, mais elle peut tout de même s'enorgueillir de l'un des plus grands bourgognes blancs – le Rully* – et de l'un des plus grands rouges – le Mercurey*.

Tous les vins issus de l'aire de production (44 communes) ont droit à l'appellation Bourgogne ou à l'appellation régionale Bourgogne Côte chalonnaise (qui ne date que de 1989). Cinq vignobles se détachent et peuvent y associer (ou mettre en avant) le nom de leur village de production : Bouzeron*, Givry*, Mercurey*, Montagny* et Rully*, qui possèdent aussi des premiers crus* fort intéressants.

CÔTE DE BEAUNE

Si le géographe ne fait pas la différence entre côte de Beaune et côte de Nuits* (toutes deux sur le département de la Côte-d'Or), l'amateur de grands bourgognes saura distinguer ces crus sans coup férir. Géographiquement, l'une et l'autre appartiennent à ce mince relief en forme de côte*, rupture du plateau bourguignon créant des pentes orientées sud-est, dominant la vallée de la Saône. Une structure géologique complexe faite d'alternances de marnes et de calcaires, combinée à des structures fossiles plus ou moins décomposées, créent des conditions idéales à une culture de la vigne diversifiée et à la production de vins de fort caractère dont il n'est plus nécessaire de souligner la qualité. L'érosion, en bouleversant les terrains par apports successifs, a participé à cette diversité qui explique les nuances, souvent radicales, entre des vins issus pourtant de villages et de parcelles très proches.

La côte de Beaune correspond à la partie méridionale de la « cuesta », et s'étend sur environ 25 km. Elle commence juste au nord de la cité qui lui donna son nom et couvre quelque 4 800 ha, du village de Ladoix-Serrigny aux coteaux des Maranges*.

L'altitude (comprise entre 200 et 300 m), la pente (entre 2 et 20 %), l'exposition (est/sud-est), la latitude même, en plus de la géologie, jouent un rôle déterminant car elles agissent sur l'ensoleillement et la température, et donc sur la maturation des raisins. Elles lui épargnent aussi les risques de gelées tardives. Ici, les étés sont chauds et les automnes sont secs. Comme sur l'ensemble de la côte, la mi-pente se révèle une position idéale, garantie des plus grands crus*.

À l'ouest de la côte, on trouve un vaste massif forestier festonné de vallées protégées : c'est la terre des Hautes Côtes* (entre 380 et 450 m d'altitude) qui se remet lentement, ici comme à l'ouest des Côtes de Nuits*, du traumatisme de la crise du phylloxéra.

À la différence des vignobles de la côte de Nuits, qui ne produisent que des rouges, ceux de la côte de Beaune sont des rouges, de cépage *pinot noir** ou des blancs, issus de *chardonnay** (l'exploitation de cépages* *gamay** pour le rouge et d'*aligoté** pour le blanc, est marginale). Au total, la Côte de Beaune produit environ 25 millions de bouteilles par an, aux deux tiers en rouge. Ici plus que partout ailleurs le jeu des appellations* est complexe : si comme partout en Bourgogne les limites d'une appellation peuvent déborder les frontières de la commune qui leur donne leur nom, on trouve des premiers* et des grands crus* partagés entre plusieurs communes ou plusieurs villages. Autant dire que seul un Bourguignon averti peut vraiment y retrouver les siens…

Bénéficiant d'une situation naturelle exceptionnelle, la côte de Beaune a en plus une position économique stratégique, magnifiquement exploitée par sa capitale depuis fort longtemps. La présence des plus grandes maisons de négoce de Bourgogne à Beaune n'est pas étrangère au succès du vignoble, qui compte certains des crus les plus prestigieux : Aloxe-Corton*, Chassage-Montrachet*, Meursault*, Pommard*, Santenay*, Savigny-lès-Beaune* pour ne citer que quelques-uns des plus connus.

Côte de Beaune.

CHARTRON DUPARD
CLOS DE LA PUCELLE

Côte de Beaune (appellation communale)

Contrairement à ce qu'on pourrait imaginer, l'appellation Côte de Beaune ne correspond pas à un vaste vignoble ni à une production d'envergure, mais seulement à quelques climats* de la « montagne » de Beaune, dont aucun n'est classé en premier cru*. Planté de *pinot noir** et de *chardonnay**, le vignoble, qui ne dépasse pas 52 ha, produit des rouges (747 hl) et des blancs (484 hl) aux arômes de sous-bois et à la robe somptueuse pour les rouges.
Cette appellation* – qui ne doit pas être confondue avec celle, très différente de Côte de Beaune-Villages* – peut être suivie, sur les étiquettes*, du nom du climat* d'où provient le vin.

Côte de Beaune-Villages (appellation communale)

Bien que ne comprenant aucun grand cru*, l'appellation Côte de Beaune-Villages (qu'il ne faut pas confondre avec celle de Côte de Beaune « tout court »), est attribuée à des vins issus de 14 communes parmi les plus connues de Bourgogne, en Saône-et-Loire comme en Côte-d'Or, dont Chassagne-Montrachet*, Auxey-Duresses*, Meursault*, Santenay*, Savigny-lès-Beaune*, pour n'en citer que quelques unes. En fait, presque toutes les communes de la côte de Beaune* en font partie, à l'exception de Pommard*, de Volnay* et d'Aloxe-Corton*.
Il s'agit surtout de rouges (issus comme il se doit, de *pinot noir**), dont il est difficile de faire une typologie précise, tant les terroirs et les vignes sont variés : au nord de la zone ils ont une robe légère, des tannins subtils et légers, alors qu'au sud de la zone d'appellation* les rouges ont une robe soutenue, des tannins généreux et des arômes aux saveurs puissantes.
L'utilisation très commerciale de l'appellation, substituée à celle de la commune lorsque celle-ci n'est pas assez connue aux yeux des négociants* la dévalorise quelque peu auprès des amateurs qui suspectent à juste titre les assemblages.

Côte de Beaune : le Clos de la Pucelle.

Le vignoble de Meursault, en côte de Beaune, possède d'excellents premiers crus.

La côte près de Beaune.

CÔTE DE NUITS

C'est à Marsannay, à quelques kilomètres au sud de Dijon, que commence la côte * de Nuits, caractérisée par une succession de coteaux merveilleusement exposés, dont la structure géologique, typique du relief de « cuesta » crée des conditions optimales pour la culture de la vigne, en dépit d'une position septentrionale a priori peu propice à la production de grands vins rouges. C'est pourtant ici, sur une étroite frange de terre de 25 km, jusqu'à Corgoloin, s'élargissant au sud avec le vignoble de Hautes-Côtes*, que sont produits les vins les plus prestigieux du monde, et presque tous les grands crus* de Bourgogne : Chambertin*, Clos de Vougeot*, Grands-Échezeaux*, Romanée-Conti* pour ne citer que quelques-uns des plus célèbres. Ne dit-on pas que l'on est ici sur les « Champs-Élysées » de la Bourgogne ?

Une configuration particulière du relief (rebord de plateau, affleurement et alternance de couches marno-calcaires en pentes plus ou moins abruptes), une orientation est/sud-est favorable à l'ensoleillement, associée à un climat continental sont les ingrédients de cette magie. Le ruban d'or des Côtes de Nuits ne fait, au nord, que quelques centaines de mètres de large. Si les noms sont grands, les clos sont souvent minuscules : 4,8 ha pour le Chapelle-Chambertin ; 1,6 ha pour le La Grande-Rue ; pas plus pour la prestigieuse Romanée-Conti ; 0,8 ha pour la Romanée. Les villages aux noms tout aussi enchanteurs, à l'oreille comme au palais, se succèdent : Marsannay, Fixin*, Gevrey-Chambertin*, Morey-Saint-Denis*, Chambolle-Musigny*, Vougeot*, Vosne-Romanée*, Nuits-Saint-Georges* qui, depuis le milieu du XIXe siècle, ont acquis peu à peu le droit et le privilège d'associer leur nom à celui du vignoble et des vins qui en sont issus, leur permettant ainsi d'en recueillir justement la gloire.

Des sols pierreux, rouges dans la partie méridionale de la côte* font une terre de prédilection pour le *pinot noir**, cépage* noble des grands vins, le *gamay** n'étant que marginal. Patrie des plus grands rouges, la côte* de Nuits a aussi ses blancs prestigieux à Marsannay, Morey-Saint-Denis* et même Vougeot* : des vignes plantées en *chardonnay** même si l'*aligoté**, voire le *pinot blanc* ne sont pas totalement absents.

Côte de Nuits : le pays des clos.

Le relief joue ici un rôle essentiel, avec une altitude pouvant atteindre 300 m près de Dijon, pour s'abaisser lentement jusqu'à 230 m aux confins de la côte de Beaune. Le vignoble s'étend sur 2 500 ha, répartis sur 16 communes. Au-delà du nez de côte*, sur le plateau, plus au sud, s'étend le vignoble des Hautes-Côtes de Nuits*, entre 300 et 400 m, sur une vingtaine de communes, profitant des combes et vallées abritées et bien exposées qui festonnent le plateau.

La présence humaine sur ces terres est fort ancienne, inséparable, assurément, de la culture de la vigne, et donc de la production du vin, comme en témoignent les nombreuses caves identifiées sur le site gallo-romain des Bolards, à deux pas de Nuits-Saint-Georges*, dans un habitat remontant au Ier siècle av. J.-C. Les ducs de Bourgogne seront conscients de cette richesse, enviée par les rois de France, et ils encourageront la culture de la vigne si proche de leur capitale, Dijon. En multipliant les legs aux abbayes*, Cîteaux en tête (avec le célèbre Clos de Vougeot*) et Cluny (à Gevrey-Chambertin*), ils assureront la pérennité du vignoble et surtout la permanence de pratiques ancestrales qui font encore le secret des grands vins. Les moines se révéleront, jusqu'à la Révolution, les dépositaires et fructificateurs de ce patrimoine (sans jeu de mot...) national.

Côte de Nuits-Villages (appellation communale)

Cette appellation très hétérogène ne correspond pas à un terroir déterminé, mais à l'aire de production de communes trop petites pour bénéficier d'une appellation autonome (sauf Fixin* qui, exception confirmant la règle, a aussi sa propre appellation et compte même une vingtaine d'hectares classés en premier cru*).

Cinq villages – Brochon, Comblanchien (célèbre pour son marbre), Fixin, Premeaux et Corgoloin constituent une aire de classement de 310 ha (dont un peu plus de la moitié en production) donnant très majoritairement des rouges (7 204 hl) issus de *pinot noir** et confidentiellement des blancs (178 hl) à partir de *chardonnay**. Le rendement est limité à 40 hl pour les premiers, à 45 hl pour les seconds.

On dira pudiquement que ces vins sont d'une « grande variété » compte tenu de la diversité des origines géographiques. Comme pour le Côte de Beaune-Villages* le mélange des raisins est de nature à s'interroger sur la personnalité de vins dont l'appellation bénéficie du mot magique « Nuits ». Ces vins sont néanmoins de très bonne qualité et présentent l'avantage d'offrir un excellent rapport qualité-prix. Ils peuvent être bus assez jeunes (avant 5 ans) et ils se conservent généralement bien.

Crémant de Bourgogne (appellation régionale)

Il se trouvera toujours un Bourguignon pour affirmer, surtout dans la région d'Auxerre, que le vin pétillant de Bourgogne a été inventé avant le Champagne. La proximité de ce vignoble fait d'ailleurs que la chose est possible, même s'il faut rendre à César ce qui lui appartient. La présence d'un sous-sol crayeux autorise d'ailleurs l'application de la méthode champenoise et permet d'obtenir de très bons résultats (depuis la réorganisation de 1975) d'où une production non négligeable de plus de 45 000 hl répartie dans l'Yonne, la Côte-d'Or et la Saône-et-Loire, ce dernier département assurant, contre toute attente, les deux tiers de la production.

L'aire de l'appellation (600 ha) correspond à l'ensemble de la Bourgogne. Les vins proviennent de raisins vendangés tôt.

La réglementation concernant les cépages est stricte : ils se répartissent en 1re catégorie (*pinot noir** et *chardonnay**) et 2e catégorie (*gamay**, *aligoté**, *melon de Bourgogne* et *sacy*). Au final, le vin issu des cépages de 1re catégorie doit représenter au moins 30 % du volume total. Le rendement est limité à 65 hl/ha.
Les crémants de Bourgogne sont brillants et fruités et peuvent être consommés dès la fin du processus d'élaboration. Ils se conservent bien.
L'appellation Bourgogne Mousseux considérée comme dévalorisante, est marginale.

Dégustation

Pour certains la dégustation est un art, réservé aux seuls initiés ; pour d'autres ce n'est qu'une pratique, une technique accessible à tous ceux qui sont capables de mémoriser les arômes, les caractéristiques et le style des vins : plus facile à dire qu'à faire.
La dégustation repose pourtant sur quelques règles simples qu'il faut connaître et surtout respecter.

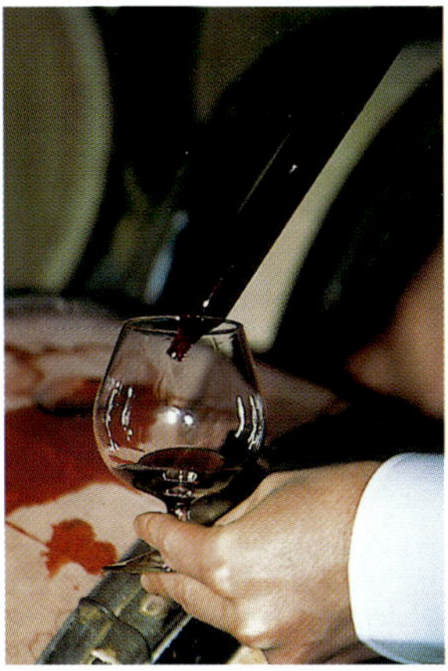

Il ne faut pas confondre, d'abord, déguster et apprécier un vin au cours d'un repas. La dégustation est une action à part entière qui demande de la concentration et des conditions spécifiques.
Le moment idéal se situe entre 10 h et 12 h, lorsqu'on commence à avoir faim. L'endroit où l'on déguste doit être bien éclairé, suffisamment chauffé (20 à 22 °C), sans odeurs ni bruits perturbateurs : pour bien déguster il faut être tranquille pour pouvoir se concentrer.

Si l'on doit déguster plusieurs vins de couleur et de nature différentes, on testera dans l'ordre le blanc, le rosé et enfin le rouge ; le sec, le moelleux et le liquoreux ; et l'on ira du plus jeune au plus vieux, du moins au plus alcoolisé ; du peu tannique au plus tannique, etc. La température de service sera de 13 °C pour les blancs, 15 °C pour les rouges légers, enfin 18 °C pour les rouges plus corsés.

La dégustation comprend trois phases : visuelle, olfactive, en bouche.

L'examen visuel sert à apprécier la limpidité du vin, sa brillance, l'intensité de sa coloration, ses nuances.

L'examen olfactif permet de déterminer le « nez » du vin et l'intensité olfactive de ses arômes. C'est une étape importante de la dégustation des vins de Bourgogne, qui exhalent leurs arômes progressivement et de façon plus ou moins intense après avoir été versés dans le verre*. On fait donc tourner deux ou trois fois le verre après une première respiration pour faciliter l'oxygénation du vin et favoriser l'évolution des arômes.

L'examen gustatif vise d'abord à une appréciation des saveurs basiques : salé (inexistant en Bourgogne), sucré, acide ou amer.

Déguster n'est pas boire : on prend une petite gorgée de vin en bouche, on y brasse le vin pour qu'il parcourt les différentes zones de perception de la bouche (devant, sucré ; arrière, amertume ; côtés, salé), en aspirant un peu d'air par les lèvres pour que le vin s'oxygène. Après quelques secondes, on recrache.

En Bourgogne on déguste comme ailleurs au verre*, avec cependant un faible pour le tastevin*.

Échezeaux, Grands-Échezeaux (grand cru)

Situés sur une curieuse enclave de la commune de Flagey-Échezeaux (qui se contente de produire un honorable Vosne-Romanée* sur le piémont), entre Vosne-Romanée* et Vougeot*, les climats* grands crus* d'Échezeaux et de Grands-Échezeaux jouxtent le Clos de Vougeot* ; les Grands-Échezeaux (9,10 ha) eurent longtemps les mêmes propriétaires que le Clos, en la personne des moines de Cîteaux. La nébulisation des Échezeaux est aujourd'hui extrême, avec quelque 250 parcelles pour

Échezeaux, Grands-Échezeaux

37,70 ha, rendant complexe l'identification et les contours des climats*.
La robe de ces vins est soutenue, allant jusqu'au violet ou au rouge pivoine pour le Grands-Échezeaux. On est en présence de vins développant les typiques arômes de fruits rouges, jusqu'à la framboise pour ce dernier, de cerise, de rose et de violette pour l'Échezeaux. On peut l'ouvrir jeune, mais passé 4 ou 5 ans on devra le laisser vieillir plus de 10 ans pour qu'il atteigne son meilleur.

Élevage

C'est l'ensemble des opérations qui permettent de conduire le vin nouveau sorti de la cuve après fermentation au meilleur niveau avant sa mise en bouteille*.
Le transfert du vin en fût se fait par soutirage, de préférence par gravité.
Le collage consiste à ajouter au vin une substance riche en protéine – par exemple du blanc d'œuf pour les grands crus* – pour agglomérer les particules en suspension, qui se déposent alors au fond du contenant.
Plusieurs soutirages permettent d'éliminer la plus grande part des particules en suspension – les lies – qui s'accumulent naturellement au fond des fûts. On évite ainsi le dépôt mais aussi une reprise de la fermentation au printemps.
Le filtrage, enfin, affine encore la limpidité du vin en éliminant les restes de levure, susceptibles de produire une seconde fermentation.
Le fût* en bois est associé à l'image de la grande tradition viti-

Élevage : manutention des fûts.

cole. Les meilleurs crus y passeront de 1 à 2 ans, avec des soutirages successifs et de soins attentifs, parmi lesquels l'ouillage, opération consistant à corriger la baisse de niveau des fûts* du fait de l'évaporation.
Au terme de l'élevage, le vin peut être mis en bouteille*.

Étiquetage

Le néophyte ne voit souvent dans une étiquette qu'un élément décoratif ou informatif. Compte tenu de la complexité du système des appellations*, l'étiquette prend en Bourgogne une importance toute particulière, car c'est la carte d'identité du vin, un élément d'information essentiel qui garantit l'authenticité du vin qu'elle désigne.
La réglementation sur l'étiquetage est aujourd'hui européenne. L'étiquette doit être le reflet fidèle des caractéristiques du vin et ne pas être tendancieuse. Elle ne doit comporter « ni indication, ni dessin, illustration, image ou signe quelconque susceptible de créer une confusion dans l'esprit de l'acheteur sur la nature, l'origine, les qualités substantielles, la composition du produit et la capacité des récipients le contenant ».
Un certain nombre de mentions légales doivent figurer en caractères lisibles, et donc être d'une taille suffisante. Une attention toute particulière est bien sûr portée à la façon de faire figurer le nom des premiers crus*, qui peuvent être écrits de différentes façons. Le nom peut être placé après l'appellation communale, en caractères moins gros que ceux de l'appellation*. Il peut être suivi de la mention premier cru. Enfin il peut être remplacé par la seule mention premier cru. Dans tous les cas, ces indications doivent être suivies de la mention appellation contrôlée.
Si l'on veut faire figurer le nom du climat*, le nom de l'appellation* et la mention premier cru seront nécessairement rappelés entre les mots « appellation » et « contrôlée ».

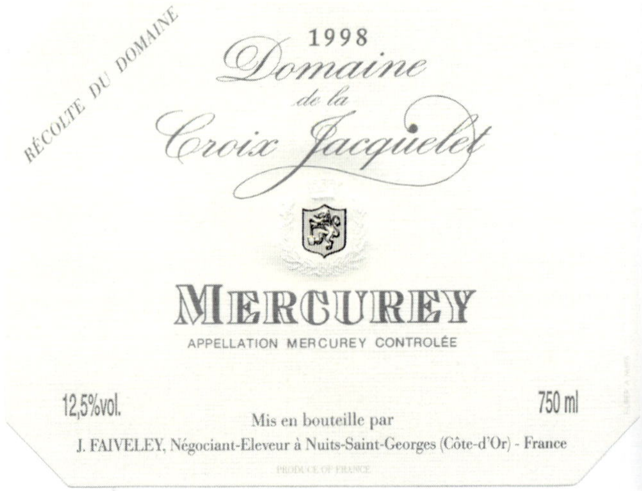

Étiquette appellation contrôlée.

Étiquette appellation grand cru.

Les exigences sont aussi très strictes, on s'en doute, pour les grands crus*. La mention doit figurer sur l'étiquette, aussitôt en dessous du nom de l'appellation*, les caractères devant avoir une taille égale aux deux tiers (en largeur comme en hauteur) de ceux ayant servi à la composition du nom de l'appellation.
Un certain nombre d'autres mentions (couleur du vin, nom et adresse de ceux qui commercialisent ou distribuent le vin, distinctions obtenues à l'occasion de foires ou de concours) peuvent être portées. Elles n'ont cependant qu'un caractère facultatif, et elles ne doivent pas être de nature à rendre l'étiquette tendancieuse.

Fêtes

Chaque vignoble a son image emblématique : le Bordelais les riches châteaux, le Pays de Loire la douceur de vivre, le Beaujolais le bouchon lyonnais, la Provence le chant des cigales, la Champagne la célébration des fêtes familiales. L'image de la Bourgogne est celle des confréries, dont on s'interdit de sourire, et des fêtes du vin, expression de la jovialité d'un vigneron bourguignon pour qui la satisfaction de produire un bon vin prime toujours sur les réalités du marché.
On ne compte pas les fêtes villageoises ou de villes, où la musique et les manifestations culturelles sont toujours le prétexte à des libations et à la célébration du précieux nectar. Saint-Vincent tournante*, vente des vins des Hospices de Nuits-Saint-Georges*, Carrefour de Dyonisos, fête du roi Chambertin, Grands jours de Bourgogne sont de celles-ci.
Trois de ces fêtes sortent cependant du lot : les très célèbres ventes des Hospices de Beaune*, le solennel Chapitre de la Confrérie des Chevaliers du Tastevin* et la très sympathique Paulée de Meursault*. Ce sont les Trois Glorieuses* de Bourgogne.

Fixin (appellation communale)

Voici un vin qui cumule plusieurs possibilités d'appellations* : c'est l'un des cinq villages pouvant utiliser l'appellation Côte de Nuits-Villages*, le seul à posséder sa propre appellation – que les initiés prononceront « Fissin » –, et à bénéficier, en partie haute, d'une vingtaine d'hectares classés en premier cru*. Pour sa réputation, la commune balance certainement entre la gloire de ses vins et le souvenir de l'Empereur, perpétué par une sculpture de Rude, commandée par Claude Noisot, chef de la garde à Sainte-Hélène. Il fit par ailleurs reconstituer la maison de l'Empereur en exil et creuser… 100 marches dans la colline. Il est aussi à l'origine, c'est bien le moins, du Clos-Napoléon qui se devait – et mérite – d'être classé en premier cru*.

Couvrant Fixin (10 ha dont 22 en premier cru*), l'aire de production déborde légèrement sur la commune voisine de Brochon (1,6 ha), ces vignes étant classées en premier cru*. L'appellation concerne essentiellement le rouge (95 ha) et marginalement le blanc (2 ha), avec des rendements de 40 hl pour les uns et 45 hl pour les autres, soit une production de 4 300 hl en rouge et 123 hl en blanc.

Généralement très colorés, les rouges sont assez tanniques, avec une bonne acidité. Charpentés, ils entrent dans la catégorie des vins de garde.

Classiques du *pinot noir**, les arômes de violette, de fruits rouges (cerise sauvage) et de baies noires (mûre) sont présents, avec une note animale musquée.

Fûts de chêne (ci-dessus et ci-contre).

Cépage gamay.

Fût

Le fût – ou barrique – en chêne est l'apanage des grands vins. Le bois, soigneusement sélectionné, dans les forêts du centre de la France ou des Vosges, parmi des arbres souvent plusieurs fois centenaires, participe directement à la qualité du vin, en lui apportant ses propres arômes caractéristiques, son tannin (qui doit être fin pour ne pas déséquilibrer le vin), et en le laissant respirer naturellement pendant ses premiers mois de vieillissement. Sa perméabilité permet une oxygénation lente et constante qui développe le bouquet, en lui permettant d'exprimer lentement tous ses arômes. Brûlés à l'intérieur au moment de leur fabrication, les fûts communiquent au vin un arôme spécifique de fumée, de pain ou d'amande grillés, de caramel ou de café fraîchement torréfié.
L'utilisation de fûts neufs à chaque vendange s'impose généralement pour les meilleurs crus – c'est une obligation pour les Hospices de Beaune*.

Gamay

Noir à jus blanc (ou plutôt incolore), le *gamay* est un cépage fin, acidulé et aromatique donnant des vins fruités et légers. On ne s'étonnera pas que ce soit le cépage de l'appellation Mâcon* et du Bourgogne Passe-Tout-Grains* (seul vin d'assemblage en Bourgogne), en association avec le *pinot noir** (30 %). Cépage unique du Beaujolais, il n'a pas connu le même succès en Bourgogne où le duc Philippe II le Hardi le frappa d'ostracisme en 1395. Assez fertile, il produit des petites grappes cylindriques et compactes aux grains ovoïdes à la pruine importante. C'est le violet sombre de sa peau qui donne sa couleur au vin.

Vignoble de Gevrey-Chambertin.

■ Gevrey-Chambertin (appellation communale)

Foi de bonne cuisinière bourguignonne, « un vrai coq au vin cuit toujours dans du Gevrey-Chambertin ! ». Les amoureux de grand bourgogne en général et de prestigieux Côte de Nuits* en particulier, y verront certainement du gâchis, mais sûrement pas les amateurs de coq au vin ! Ils frémiront en sachant que Napoléon ne buvait pratiquement que du Chambertin*… coupé d'eau !
L'histoire ne dit pas si les moines de Cluny aimaient déjà la recette, mais elle confirme en revanche leur bon goût, si l'on sait qu'ils furent dès le XIIIe siècle les possesseurs de la plupart des vignes de la paroisse dont, par charité bien ordonnée, ils étaient les seigneurs. Le château est-il autre chose qu'une « cave fortifiée », signe de l'intérêt marqué par les moines pour le précieux nectar. Il aurait servi, dit-on, à gâcher

(c'est bien le mot) le mortier de construction de l'église du village, resté depuis de couleur rosée. L'origine du vignoble est sans doute bien antérieure et remonterait aux Romains qui avaient déjà perçu l'intérêt de la combe, où les coteaux les mieux exposés (qui partagent Gevrey et Chambertin) accueillent depuis toujours les meilleures vignes.
Sur les 395 ha de production (exclusivement en rouge, à partir de cépage *pinot noir**), 51 sont situés sur la commune de Brochon ; pas moins de 86 ha sont classés en premier cru*, distinguant près d'une trentaine de climats*.
La production se monte à près de 19 000 hl (le record des appellations communales), dont quelque 4 000 en premier cru*.
Avec presque 2 millions de bouteilles par an, la production est parfois suspectée d'un certain laxisme dans l'appellation générique qui bénéficie du prestige et de la qualité des grands crus*.
Fortement colorés, les Gevrey-Chambertin sont riches, puissants et charpentés, aux arômes de fruits très présents.

Givry (appellation communale)

Givry fait partie de ces villages bourguignons dont la tradition vigneronne se perd dans la nuit des temps, et dont l'aura, au Moyen Âge ou même plus tard, dépasse de beaucoup la réputation actuelle. La légende, souvent, se nourrit d'un brin de réalité. Aux incertaines racines romaines, aux plus probables origines monastiques, à Givry on se plaît à préférer le souvenir romantique d'Henry IV et de Gabrielle d'Estrée, dont le cœur balançait, entre Givry et Mercurey. Si la belle aimait le second, le roi, dit-on, préférait le premier. Les étiquettes* d'aujourd'hui sont là pour le rappeler.
Situé au centre de la côte chalonnaise*, juste en face de Chalon, Givry possède plusieurs climats* classés en premier cru*, l'un deux débordant sur la commune voisine de Dracy-le-Fort.
La production se répartit en rouges (9 300 hl) à la jolie robe rubis, francs, riches, vifs et généreux, aux arômes de violette, et en blancs (1 900 hl) délicatement dorés, fins et subtils, aux arômes de miel.
Sans être des vins de longue garde, les rouges se conservent une petite dizaine d'années sans problème.

GRAND AUXERROIS

Sous cette désignation un peu pompeuse se cache un ensemble de vignobles diversifiés, vestiges pour la plupart du vaste ensemble viticole qui, avant le XIXe siècle et les crises du mildiou et du phylloxéra, couvrait pratiquement sans discontinuité la campagne jusqu'à Chablis et la Côte-d'Or. Ne dit-on pas qu'au Moyen Âge, les vins d'Auxerre étaient les plus réputés de France, comme en attestent les extraordinaires caves médiévales de Saint-Bris (qui courent sous le village autour duquel on produit encore le Bourgogne Côte-d'Auxerre) ? Certains de ces vignobles sont les vestiges historiques de cet âge d'or de la vigne en Bourgogne, d'autres sont en pleine renaissance, ou encore en pleine gestation (comme le vignoble tonnerrois), repartis de rien ou presque.

Ces vignobles de coteaux s'étendent sur une dizaine de communes au sud et au sud-est d'Auxerre. Plus méridionaux que ceux de Chablis, et bénéficiant de la régulation thermique d'un cours d'eau plus important – l'Yonne –, à la vallée plus large, ils sont généralement épargnés par les gelées tardives qui menacent parfois le vignoble chablisien* au point de devoir chauffer artificiellement les vignes. À la différence de ce dernier, qui ne fournit que des vins blancs, les vignes de l'Auxerrois donnent des rouges, des rosés et des blancs. Elles participent également à la production de Crémant de Bourgogne*, grâce à la méthode champenoise (depuis le début du XIXe siècle), à partir de *chardonnay** et de *pinot noir**. Outre ces deux cépages, caractéristiques de la Bourgogne, la région s'illustre par une grande diversité sépale avec le célèbre *aligoté** pour les blancs et le *gamay** en rouge, mais aussi le *sauvignon*, d'introduction récente, et le sans doute très ancien *césar* (pour l'Irancy*), dont on se plaît à dire que, vu son nom, il remonterait, bien sûr, aux Romains.

L'Auxerrois n'est pas une appellation*, les vins produits dans la région bénéficiant des appellations régionales* Bourgogne, Bourgogne blanc (Bourgogne Côte-d'Auxerre, Bourgogne Chitry), Bourgogne Rouge (Bourgogne Coulanges, Bourgogne Épineuil, Bourgogne Côte d'Auxerre ou Bourgogne Côte Saint-Jacques), Bourgogne Aligoté*, Crémant de Bourgogne*. Le vin d'appellation régionale (dont l'étiquette* porte parfois le nom du village) est produit dans quatre villages : Coulanges-la-Vineuse, Saint-Bris-le-Vineux, Chitry et Irancy*.

Depuis 1998, l'Auxerrois possède une appellation communale, l'Irancy* qui doit au cépage* *césar* (associé au *pinot noir**) une bonne part de son originalité quand celui-ci n'est pas trop productif.

On ne saurait être complet sans évoquer, ne fût-ce que symboliquement, le petit vignoble de Vézelay dont le destin, comme celui de l'abbaye*, eut son heure de gloire et de décadence avant de connaître, depuis peu, une « restauration » à travers une vingtaine d'hectares, cultivés sur la commune même et sur celles d'Asquin, Saint-

Le Grand Auxerrois.

Pierre et Tharoiseau. Très connu et fort apprécié sous les ducs de Bourgogne, qui y possédaient un clos (les moines ne devaient pas être de reste), le vin fut jusqu'au XIXe siècle l'une des ressources du village, comme en témoigne son « vieux pressoir ». Planté en *pinot noir** et en *chardonnay**, il bénéficie aujourd'hui de l'appellation Bourgogne (Bourgogne Vézelay) qui récompense ce louable effort de renaissance locale.

Grands crus

L'appellation grand cru constitue le sommet de la hiérarchie des vins de Bourgogne. Seuls 33 climats* (32 pour la Côte-d'Or* et 1 pour Chablis*) de quelques villages bénéficiant d'une très ancienne renommée d'excellence se voient gratifier d'un tel honneur, signe de leur très haute qualité et de l'originalité des vins produits. Les grands crus de Bourgogne ne représentent que 2 % de la totalité de la production des vins d'appellation*, soit 21 000 hl, dont 57 % de rouges.

Le nom du grand cru constitue une appellation* à part entière. Il doit figurer sur l'étiquette en gros caractères (par exemple Clos de Vougeot*), suivi de l'indication appellation grand cru contrôlée. Le grand cru de Chablis* compte 7 climats qui prévalent sur le nom de la commune, une disposition courante également en Côte-d'Or, où une appellation grand cru peut déborder sur plusieurs communes dont le nom ne sera pas même mentionné dans l'appellation*.

Hautes-Côtes

Cette expression désigne d'abord une réalité géographique (la partie du plateau, festonnée de vallées et de combes, située à l'ouest du nez de côte*) et correspond ensuite à deux appellations régionales* liées à deux ensembles viticoles se succédant du nord au sud : les Hautes-Côtes de Nuits* et les Hautes-Côtes de Beaune*.

Les vins bénéficiant de ces appellations* proviennent d'un seul département, la Côte-d'or avec 19 communes pour les Hautes-Côtes de Nuits* ; de deux départements, la Saône-et-Loire avec 7 communes et la Côte-d'or avec 22 communes pour les Hautes-Côtes de Beaune*.

Dans les deux cas, les cépages* sont le *pinot noir** pour les rouges et les rosés, et le *chardonnay** pour les blancs. En Hautes-Côtes de Nuits*, on trouve encore du *gamay** pour les rouges et de l'*aligoté** pour les blancs.

Les rendements sont plus limités que pour l'appellation Bourgogne : 50 hl en rouge et 55 hl en blanc, avec une réduction à 80 % de ces valeurs lorsque les vignes sont conduites en vignes « hautes et larges », spécificité de ces zones.

Les surfaces concernées sont importantes, avec plus ou moins 600 ha pour chaque appellation*.

Village et vignes de Nantoux dans les Hautes-Côtes de Beaune.

Vente annuelle des hospices de Beaune : les enchères.

Hospices de Beaune

C'est en 1440 que Nicolas Rolin, chancelier du duc de Bourgogne, décide, en accord avec son épouse, Guigogne de Salins, de fonder un hôpital pour y accueillir les plus pauvres, ruinés par la guerre de Cent ans. Beaune déclare alors la moitié de sa population en indigence. « L'Hostel-Dieu » est fondé, semble-t-il, le 4 août 1443. Il ne sera achevé qu'en 1457 et les statuts de l'hôpital seront approuvés par Pie II deux ans plus tard. La mission des Hospices de Beaune ne faillira jamais : aujourd'hui encore, alors que depuis 1971 un hôpital moderne a vu le jour, une antenne spécialisée, créée en 1993 poursuit cette mission d'assistance, de prévention et de réinsertion auprès des plus démunis.

Cette permanence de l'action caritative, que l'on peut qualifier de nos jours d'humanitaire et de solidaire, les Hospices la doivent à plusieurs siècles de dons, d'exemptions, voire de privilèges sous l'Ancien Régime d'abord. La Révolution elle-même, en dépit de ses excès, fera de l'hôtel-Dieu un « Hospice d'Humanité », mettant fin à la dynastie des Rolin à la tête de l'établissement. Pendant plus de cinq siècles, les Hospices réuniront par dons et legs successifs – le nom des donateurs figure sur les vins eux-mêmes – quelque 57 ha de vignobles, comptant nombre de grands crus* et premiers crus* sur la côte de Beaune*, à Beaune*, Meursault*, Savigny* et Aloxe-Corton*, etc. Sagement administrés – aujourd'hui par un conseil d'administration présidé par le maire – les Hospices de Beaune poursuivent leur mission grâce aux revenus du musée, installé dans l'ancien hôpital, et surtout grâce aux célèbres ventes organisées chaque année au profit de l'action humanitaire directe, et du financement des nécessaires investissements hospitaliers.

C'est en 1859 que fut organisée la première vente aux enchères « contemporaine ». Depuis 1924 l'événement, de réputation mondiale, a lieu le troisième dimanche de novembre, dans l'après-midi,

Vente à la bougie des Hospices de Beaune.

sous la halle du marché. Elle est présidée par le maire de Beaune, et de façon honorifique par une nouvelle personnalité chaque année, mais elle est très officiellement conduite par un commissaire priseur, depuis 1931.

La récolte, logée obligatoirement dans des fûts neufs, fait ainsi l'objet de la plus célèbre vente aux enchères de vins du monde. À la fin de la vinification*, le directeur des Hospices décide des quantités à mettre en vente. Les cuvées sont divisées en lots dont l'importance dépend de l'abondance et de la qualité de la récolte.

La vente, dans la grande tradition, se fait « à la bougie », les enchères ne devant pas être inférieures à 1 000 francs. On bataille ferme pour acquérir ces grands vins, qu'on sait de la meilleure origine et soignés comme il convient. Les noms des acheteurs sont ensuite publiés avec les résultats de la vente ce qui constitue, on s'en doute, une excellente publicité pour les professionnels – négociants*, restaurateurs ou « simples » particuliers – qui ne font jamais une mauvaise affaire en même temps qu'ils font une bonne action. Une obligation supplémentaire leur sera faite : celle d'élever le vin en fûts, de mettre leur vin dans des bouteilles* bourguignonnes et d'utiliser les étiquettes* qui leur seront fournies par les Hospices de Beaune, où seront indiqués l'appellation*, la cuvée et le millésime*, ainsi que le nom et l'adresse des acheteurs. Chaque année, ce sont entre 550 et 750 pièces des meilleurs crus de Bourgogne qui sont ainsi vendues à des prix nettement supérieurs à ceux du marché. Œuvres généreuses, les ventes des Hospices de Beaune sont aussi une magnifique vitrine internationale pour les vins de Bourgogne et pour la région tout entière.

Hospices de Nuits-Saint-Georges

Si l'hôpital actuel fut fondé en 1633, l'origine de l'établissement est bien plus ancienne, des archives remontant à 1270 attestant, dès le XIIIe siècle, de l'existence d'une maladrerie qui ne résista pas aux guerres civiles et de Religion. L'origine du clos est sans doute antérieure à l'an mil. L'organisation de l'hôpital se fit sous Louis XIV – dont on dit qu'il aurait découvert et apprécié les vertus thérapeutiques des vins de Nuits – avec la constitution d'un véritable conseil d'administration composé des notables de la ville. Après la Révolution, l'établissement sera confié à la communauté de l'hôtel-Dieu de Beaune*. Mi-hospice, mi-maison de repos et de convalescence, l'hôpital a pris une véritable dimension médicale récemment en 1974 avec l'ouverture d'un service de médecine de 31 lits, et la réhabilitation des grandes salles anciennes. L'établissement allie à sa fonction traditionnelle de maison de retraite un service de soins à domicile depuis 1998. Comme l'Hospice de Beaune*, celui de Nuits a été doté de vignes au fil des siècles, constituant un domaine de 13 ha produisant des premiers crus* de

Hospices de Nuits-Saint-Georges.

HOPITAL CIVIL

haute qualité. Les ventes aux enchères des vins (de la récolte de l'année précédente, encore en fût) se déroulent depuis 1663 dans des conditions proches de celles des Hospices de Beaune*, c'est-à-dire à la chandelle (deux feux), comme le veut la tradition. Les vins sont livrés en fûts neufs (à la charge de l'acquéreur). Les étiquettes, réalisées par l'hôpital, strictement contingentées, mentionnent toujours l'appellation*, le nom de la cuvée, le millésime*, la raison sociale et l'adresse de l'acquéreur ou du dernier vendeur.

Elles se font bien sûr au profit des personnes âgées hébergées et soignées dans l'hôpital.

Irancy (appellation communale)

Bénéficiant de l'appellation Bourgogne Irancy depuis longtemps, ce vin de l'Auxerrois* a acquis sa propre appellation* en 1998. Cette reconnaissance est le fruit d'un travail méthodique des vignerons locaux, et le reflet de la renaissance progressive des vins de cette région, considérés au Moyen Âge comme les meilleurs de France. Le plus méridional du vignoble auxerrois produit un rouge tannique, coloré et corsé, dans un véritable amphithéâtre idéalement exposé. L'originalité de ce vin tient sans doute au terroir, mais aussi à la présence d'un cépage* – le *césar* –, associé au traditionnel *pinot noir** qui fait les grands bourgognes. On a appris à se méfier, cependant, de ce cépage antique, capable du meilleur, lorsqu'il produit peu, comme du pire quand il est trop prodigue ; l'Irancy peut alors être élaboré avec le seul *pinot noir**.

L'Irancy révèle des arômes de fruits rouges avec une pointe d'épices.

Produit sur 125 ha, l'Irancy est à son meilleur quand le rendement ne dépasse pas une quarantaine d'hectolitres à l'hectare. La production atteint lentement l'objectif de 7 000 hl.

Charpenté, ce vin se conserve longtemps sans difficulté.

Vignoble et village d'Irancy.

Mâcon (appellation régionale)

Tous situés à l'ouest de Mâcon, sur la rive droite de la Saône, les vins du vignoble du Mâconnais peuvent bénéficier des appellations Mâcon, Mâcon supérieur (11° au lieu de 10), Mâcon-Villages ou Mâcon associé au nom d'une des 43 communes classées. Le vignoble ne compte que 5 appellations spécifiques et aucun premier cru*. Les blancs peuvent prendre la vieille appellation Pinot-Chardonnay-Mâcon, mais elle n'est plus revendiquée. On ne s'étonnera donc pas, dans ces conditions, de l'incroyable diversité des noms de vins comportant le nom Mâcon.

Le cépage* des blancs, très largement utilisé dans toute la Bourgogne est le *chardonnay**, issu du village tout proche du même nom. Rien d'étonnant donc que le Mâconnais soit majoritairement une terre de vins blancs, parfois très clairs, parfois jaune d'or, dans l'ensemble assez légers, aux arômes floraux et fruités, avec une pointe de citron. On discerne parfois des nuances exotiques, vanillées, et un fond d'amande grillé et de fruits secs caractéristiques du *chardonnay**. La robe des rouges va du cerise au rubis sombre, avec des reflets violets. Il est gouleyant, fruité, rond, bien équilibré en tannin. L'arôme laisse entrevoir une note de fruit rouge un brin épicée.

Tous les Mâcon gagnent à être bus jeunes car ils s'épanouissent rapidement et ne se gardent pas très longtemps.

MÂCONNAIS

Le plus méridional des vignobles de Bourgogne est aussi le plus vaste, avec quelque 6 500 ha en production. C'est encore l'un des plus anciens, puisque ses origines remontent avec certitude à l'époque romaine, aux environs du IIIe siècle de notre ère. Comme souvent en Bourgogne, c'est aux moines que le vignoble dut sa pérennité, grâce, en particulier aux abbayes* de Cluny, sur la rive gauche de la Grosne et de Tournus, sur la rive droite de la Saône. On est ici au pays des chapelles et des églises romanes où l'on cherche la fraîcheur dans la chaleur estivale d'un Midi commençant, comme en témoigne l'apparition des premières tuiles canal héritées des Romains.

Le vignoble couvre une bande de 35 km de long et 10 de large, entre les communes de Sennecey-le-Grand et Saint-Vérand ou, si l'on préfère, des environs de Tournus jusqu'aux limites du Beaujolais (qui, contrairement à ce que l'on croit parfois, ne fait pas partie du vignoble bourguignon), marquant ainsi la limite sud de la Bourgogne et de son aire viticole : une frontière annoncée par l'impressionnante et énigmatique roche de Solutré, éperon calcaire dominant les vignobles de Pouilly-Fuissé*.

On n'est plus dans le relief de côte*, mais dans un pays de douces ondulations, de collines et de vallées tapissées de vignobles, entrecoupées de prairies où s'aventurent les bœufs du Charolais, une campagne organisée autour d'une grande rivière, la Saône, et d'une ville importante, Mâcon, l'une et l'autre ayant assuré depuis toujours les débouchés commerciaux nécessaires au négoce des vins.

Jusqu'au XVIIIe siècle, le sud du terroir fut planté essentiellement de cépage* *gamay**, et produisait donc essentiellement des vins rouges et des rosés, mais le *chardonnay**, « inventé » ici, dans le village qui lui a donné son nom, y a trouvé naturellement une terre d'élection, surtout dans les terrains calcaires. Le *gamay** résiste dans ceux à dominante sablonneuse. Le *chardonnay** occupe donc aujourd'hui les deux tiers du vignoble, et assure la domination du blanc en Mâconnais, le sud de l'aire de production affirmant ainsi sa personna-

lité face à la concurrence du dynamique Beaujolais tout proche. Les affleurements calcaires offrent ici de beaux coteaux, au sol bien drainé, à la frontière entre Rhône et Saône-et-Loire ; un terroir favorable à la production des meilleurs crus de vins blancs comme le Saint-Véran* et l'exceptionnel Pouilly-Fuissé*.

Si le Mâconnais est connu surtout pour ses vins blancs, il produit aussi des rouges de qualité et même des rosés. Quelques communes peuvent associer leur nom à celui de l'appellation* : Saint-Véran*, Viré, Clessé et les trois Pouilly : Fuissé, Loché et Vinzelles. La production est majoritairement assurée par des caves coopératives* (ainsi que par des groupements de producteurs), surtout dans le nord de l'aire viticole, sous les appellations* Mâcon-Villages et Mâcon supérieur. La production et l'élevage* des crus les plus prestigieux, au sud, sont généralement assurés par des domaines privés.

Mâconnais : le vignoble en automne.

Maranges (appellation communale)

Marquant la limite entre côte de Beaune* et côte chalonnaise*, le vignoble de Maranges réunit depuis 1989 les vignes de trois communes d'anciennes appellations que sont Cheilly-lès-Maranges, Dezize-lès-Maranges et Sampigny-lès-Maranges. Elles possèdent plusieurs climats* classés en premiers crus*.

L'unification de ces trois villages a permis la constitution d'une aire de production de quelque 240 ha, dont pas moins de 100 classés en premier cru*. Les rendements y sont limités à 40 hl/ha pour le rouge et 45 hl/ha pour le blanc. La production est respectivement de 8 700 hl et de 175 hl.

Vins du sud de la côte* de Beaune*, le Maranges rouge – la production de blanc n'étant pas très significative – a longtemps surtout servi à renforcer certains Côte de Beaune-Villages* (appellation* à laquelle ils peuvent d'ailleurs prétendre) un peu défaillants. Le Maranges rouge est puissant, charnu, très coloré, et exprime des arômes de fruits rouges et de sous-bois pouvant aller jusqu'à la venaison.

Bien charpenté, ils peuvent vieillir 5 à 10 ans dans les bonnes années.

Vignoble de Maranges.

Mercurey (appellation communale)

La réputation internationale du Mercurey laisse imaginer au néophyte qu'il s'agit d'une des grandes appellations* de Côte de Beaune* ou de Côte de Nuits*. Le plus prestigieux des vignobles de la côte chalonnaise* est en fait situé bien plus au sud, sur les communes de Mercurey et de Saint-Martin-sous-Montaigu, à une douzaine de kilomètres au nord-ouest de Chalon. Relief, nature des sols, exposition rappellent assurément la côte de Beaune* toute proche et donnent aux vins sa parenté, sans le priver de sa personnalité. Ici, pas de grand cru*, apanage on le sait des côtes de Nuits*, mais de nombreux premiers crus* de très haute qualité.

Le village de Mercurey ne saurait prétendre au riche passé de certains, mais le sérieux des belles demeures est là pour évoquer une prospérité tranquille qui signale les grands produits.

Avec 847 ha classés dont 142 en premier cru*, le vignoble produit quelque 25 000 hl de rouge – issus essentiellement de *pinot noir**– et plus de 3 000 hl de blancs – provenant classiquement de *chardonnay** –, avec des rendements modérés, de 40 hl/ha pour le rouge et 45 pour le blanc.

L'altitude et l'exposition déterminent et justifient les classements : les meilleurs vins sont produits sur les coteaux du val d'Or, entre 250 et 350 m, les vins perdant de leur caractère à mesure que le relief s'estompe, d'où des différences de qualité nettement perceptibles.

Comme ailleurs, l'appellation* peut être suivie soit de l'expression premier cru* pour les vins issus de parcelles classées, soit du nom du climat* d'origine, soit par l'un et par l'autre, soit enfin du seul nom du climat* pour les vins non-classés en premier cru*.

Vignoble de Mercurey.

Les rouges, aux beaux reflets grenat, ont du corps et néanmoins de la finesse et de la distinction. Ils peuvent être souples avec une pointe d'acidité qui est la bienvenue. Ils développent de délicieux arômes de fruits rouges et notamment de fraise et de griotte évoluant parfois vers le cuir.

Les blancs ne peuvent renier leur parenté avec les Côte de Beaune* : la robe est or clair avec quelques reflets verts, le nez est d'aubépine et de foin fraîchement coupé.

Les Mercurey, qui peuvent se boire au bout de 2 ans, se conservent sans difficulté entre 5 et 10 ans.

Meursault (appellation communale)

Le nom de Meursault est étroitement associé à l'image d'un des plus grands vins blancs de Bourgogne, une perle rare dont les premiers crus* s'arrachent tant et si bien qu'il est bien difficile d'en boire ailleurs qu'à l'étranger (on se rassurera en sachant que de nombreux climats* non classés sont presque aussi bons).

Merveilleusement situé au fond de la combe ouverte à Auxey-Duresses*, on est ici dans un triangle d'or des Côte de Beaune*, dont le troisième point sur la carte s'appelle Pommard*.

Les traces d'un passé actif et quelque peu agité – Richelieu ne fit-il pas raser une bonne partie du château médiéval – font le charme de ce vieux village où la tuile vernissée fait son apparition sur l'hôtel de ville. Les grands noms du négoce et de l'élevage* sont ici présents et veillent à l'authenticité des lieux, gage d'un intérêt international qu'il ne faut pas décevoir.

S'il existe du Meursault rouge, il tient de la curiosité, avec 350 ha de *chardonnay** pour le blanc et une quinzaine d'hectares, bien sûr en *pinot noir** pour le rouge, produisant 17 500 hl pour l'un et moins de 900 hl pour l'autre, les rouges seuls pouvant utiliser l'appellation Côte de Beaune-Villages*, avec une particularité pour ceux provenant du climat* Santenots qui peuvent prendre l'appellation Volnay-Santenots.

Les premiers crus* sont nombreux et proviennent comme toujours de parcelles situées à mi-pente, à moyenne altitude (250 m environ).

Le bouquet des blancs de Meursault est capiteux, avec des arômes d'amande fraîche (avec une petite pointe d'amertume) ou sèche, de pain grillé et de pomme, évoluant avec l'âge vers le cuir. La longueur en bouche de ces grands vins blancs onctueux et consistants est exceptionnelle. La robe est or avec des reflets verts, marque de fabrique du *chardonnay**. Enfin une certaine acidité garantit une

Village de Meursault.

conservation* qui peut dépasser 15 ans dans les meilleurs crus. Meursault est aussi terre de réjouissance, avec la célèbre Paulée*, pièce importante des Trois Glorieuses*

Millésimes

Toute bouteille méritant une conservation* est porteuse du millésime de son année de production. En France, le millésime ne peut être porté sur une bouteille* que si la totalité du vin qu'il contient provient de la même récolte.

Le millésime est une donnée apparemment objective, qui permet tout simplement de connaître l'âge d'un vin et donc de le déguster lorsqu'il a atteint son apogée. De nombreux éléments font, cependant, que certaines années sont meilleures que les autres : la culture de la vigne, les vendanges*, les conditions de la vinification* déterminent la qualité d'un vin une année donnée. Dans l'esprit du grand public il y a les « bonnes » et les « mauvaises » années, appréciées généralement à l'aune des seules conditions climatiques qui ont prévalu au cours de l'année, avec une prime aux étés chauds et ensoleillés. Il s'établit ainsi des jugements péremptoires et des idées reçues difficiles à extirper par la suite.

Le classement des années ne résume qu'une tendance générale liée étroitement aux conditions météorologiques sur l'ensemble du vignoble, voire sur toute la France. En Bourgogne, l'étendue du vignoble, la diversité du relief induisent des variations climatiques importantes, non seulement dans la phase de maturation des raisins, mais surtout au printemps, quand se joue l'avenir du raisin, et en septembre, pour celui du vin.

Les différences de terrains, mais aussi de vignes (âge, soins, traitements, culture, etc.), les accidents climatiques (gels tardifs, grêle, etc.) et les attaques de maladies relèguent parfois à l'arrière-plan la notion de millésime. Les conditions de conservation*, enfin, si elles ne sont pas bonnes, peuvent altérer profondément le vin du meilleur des millésimes.

Vignoble de Montagny.

Montagny (appellation communale)

Cette appellation* du nord de la côte chalonnaise* est très composite puisqu'elle associe au vignoble du village qui lui donne son nom ceux de Buxy, Saint-Vallerin et Jully-lès-Buxy, soit au total 437 ha délimité, dont quelque 276 classés en premier cru*, un rapport tout à fait significatif. On ne compte pas moins d'une cinquantaine de climats* dont certains ont fait l'objet de quelque contestation.

On est ici à 100 % dans le domaine du blanc, issu de *chardonnay** bien sûr. Le rendement autorisé est relativement élevé, avec une limite portée à 50 hl/ha, d'où une production annuelle de l'ordre de 14 500 hl.

Une aire de production idéalement exposée sud-est en haut des pentes (à plus de 300 m) donne un vin très sec, assez minéral, au bouquet de noisette et de sous-bois avec une pointe épicée. On

Buxy, Montagny.

retrouve la robe or aux reflets verts liée au *chardonnay**, évoluant vers le doré avec l'âge.

Monthelie (appellation communale)

Ligne de partage entre blancs et rouges, la combe de Saint-Romans, ouverte à Meursault*, a placé Monthelie dans le royaume des seconds, sans lui donner la célébrité du Volnay* tout proche. Pourtant magnifiquement exposé au sud et idéal pour la vigne (qui occupe le moindre pouce de terrain), le terroir possède 12 premiers crus* de très belle qualité. Les rouges, très majoritaires, peuvent utiliser l'appellation Côte de Beaune-Villages*, qu'ils relèvent de leur puissance.

Ce sont des vins colorés, aux arômes puissants de baies rouges et de sous-bois, légèrement astringents, ce qui suppose de ne pas les boire trop jeunes (on les laissera vieillir 5 ans avec bonheur). Les premiers crus* sont assez tanniques, charpentés, fortement bouquetés.

Plus rares (375 hl seulement contre plus de 4 000 hl pour les rouges), les blancs offrent une belle couleur dorée aux reflets verts, avec un nez d'amande fraîche, une certaine acidité compensant un moelleux qui n'est pas sans rappeler les meilleurs Meursault*.

Montrachet (grand cru)

Les 8 ha de ce grand cru* de la côte de Beaune* se répartissent à égalité entre Puligny-Montrachet* et Chassagne-Montrachet*, qui sont connues pour leur attachement réciproque à ce prestigieux climat*, auxquels il faut ajouter ceux de Bâtard-Montrachet. Puligny-Montrachet* peut revendiquer seul le Chevalier-Montrachet et le Bienvenue-Montrachet ; Chassagne-Montrachet, faisant son affaire personnelle des Criôts-Bâtard-Montrachet.

Le Montrachet est aux moines cisterciens de l'abbaye* de Maizières ce que le Clos de Vougeot* est à ceux de Cîteaux.

La porte du célèbre Montrachet (ici la propriété de Bouchard Père & Fils).

Morey-Saint-Denis.

Issu exclusivement du cépage *chardonnay**, le Montrachet concentre toutes les qualités des plus grands blancs de Bourgogne. Sa robe, qui prend de la chaleur avec les années, est or vif avec des éclats verts. Ses arômes, complexes et riches, sont faits de noisette et de miel, avec une note épicée et citronnée. Il a beaucoup de corps et ses saveurs restent étonnamment en bouche.

On n'ouvre pas un Montrachet avant une bonne dizaine d'années, sachant qu'il sera au mieux au bout de 25 ans et se conservera sans difficulté le double.

Morey-Saint-Denis (appellation communale)

Si le vignoble de côtes de Nuits* constitue les Champs-Élysées de la Bourgogne, Morey-Saint-Denis en est le rond-point. Idéalement placée au cœur de la zone des grands crus*, l'aire de production de Morey-Saint-Denis possède 44 ha classés en premier cru* pour une surface totale de 108 ha. La commune n'abrite pas moins de 20 premiers crus* et de 5 grands crus* de renommée internationale : Clos de Tart, Clos Saint-Denis, Bonnes-

Mares*, Clos de la Roche et Clos des Lambrays. Décris comme les « ténors » du chœur des Côtes de Nuits*, ces grands crus* témoignent de l'ancienneté de la tradition vigneronne à Morey.
La production est presque exclusivement composée de rouge (près de 4 000 hl), le blanc (154 hl) restant confidentiel.
Le rouge se situe à mi-chemin entre les vins puissants et charpentés de Gevrey-Chambertin* et ceux, fins et moelleux de Chambolle-Musigny*.
Ils possèdent de puissants arômes de fruits rouges et noirs, mais développent avec complexité des notes boisées et animales.
On pourra les découvrir le vendredi précédant la célèbre vente des Hospices de Beaune*, à l'occasion du sympathique Carrefour de Dyonisos, organisé par les vignerons locaux dans la salle des fêtes de Morey.

Musigny (grand cru)

Ce petit vignoble classé grand cru* est, par la qualité l'un des plus grands de Bourgogne. Une dizaine d'hectares seulement (dont 60 ares consacrés curieusement au blanc) produisent 310 hl seulement. On est ici au débouché de la combe du même nom où est logé Chambolle-Musigny*, à flanc de côte*, entre 250 et 300 m, l'exposition tournant progressivement de l'est au sud-est, conditions optimales pour la culture du *pinot noir**. On est ici frontalier avec le Clos de Vougeot*, à l'ouest, juste derrière le château. Charpenté, développant des arômes de fruits rouges magnifiques, le Musigny est peut-être plus viril que le Bonnes-Mares* très proche avec lequel il partage la capacité à vieillir.

Bacchus, faïence de Rouen du XVIIIe siècle. Musée du Vin de Bourgogne, Beaune.

Musée du Vin de Bourgogne

Fondé en 1946 par André Lagrange, ethnologue et Georges-Henri Rivière, muséographe et ethnologue, le musée a été inauguré en 1947.

Les collections du musée du Vin de Bourgogne évoquent l'histoire de la vigne depuis l'Antiquité jusqu'au XXe siècle. Le travail du vigneron est mis en scène, grâce à la muséographie de Georges-Henri Rivière, dans laquelle l'homme est toujours au centre.

Dans la salle de la tonnellerie, on peut observer la fabrication d'un tonneau, depuis le tronc de l'arbre jusqu'à sa réalisation finale. Un très beau film de Georges Rouquier accompagne cette présentation.

La salle consacrée aux rites et coutumes montre l'évolution de la bouteille*, des coupes de mariage, des tastevins*, ainsi qu'une vielle, instrument à cordes.

Un espace évoquant l'intérieur d'un vigneron dans les années 1880 a été aménagé, grâce aux collectes d'André Lagrange. Un peu plus loin, on admire l'intérieur d'un négociant*.

Une salle sur les transports, avec des amphores et une enseigne de marchand de vins datant du XVIIIe siècle, lui succède.

L'avant-dernière salle est consacrée aux rites bachiques : pichets, verre, une grande faïence de Rouen représentant un Bacchus (ci-dessus), des carafes de cristal, etc.

Le musée du Vin s'achève avec la « Salle des Ambassadeurs ». Elle tient son nom d'une confrérie, qui, après la Guerre, souhaitait diffuser plus largement l'image du vin de Bourgogne. Elle est ornée d'une magnifique tapisserie de Lurçat, commandée en 1947 pour le lieu, lors de l'inauguration du musée. Deux sculptures de Saint-Vernier en bois polychrome, dont une du XVIe siècle, ponctuent l'espace.

Contrôle et préparation des bouteilles avant expédition.

Négociants

En Bourgogne, le négociant n'est pas un simple marchand de vin comme il peut l'être dans d'autres régions. Ici, il est souvent aussi éleveur (on parle alors de négociant-éleveur), et il participe directement à l'élaboration des plus grands crus*, dont il ne se contente pas d'assurer la commercialisation. Dans certains cas les plus grandes maisons, dont certaines remontent au XVIIIe siècle, achètent le raisin et prennent en charge toutes les étapes de la vinification*, ou bien elles achètent le vin nouveau et procèdent à son élevage*, ou encore elles font l'acquisition du vin en fût* et s'occupent de son embouteillage puis de sa commercialisation. Les négociants-éleveurs ne sont pas les concurrents des petits vignerons propriétaires : la polyvalence de leurs compétences est indispensable à la profession et elle participe directement au rayonnement national et international des vins de Bourgogne, à un niveau que ne peut atteindre le petit producteur. L'engouement pour les mentions élevé au domaine et mis en bouteille à la propriété s'explique assurément par les erreurs de certains négociants dans les années 1960-1970 et par quelques scandales retentissants. Il y a été mis bon ordre. Il faut également savoir que les petits propriétaires ne peuvent souvent produire leur vin qu'en très petite quantité et qu'ils ne peuvent répondre à toutes les exigences de la production et du marché. Si le talent de certains est démontré, peu d'entre eux, cependant, sont en mesure d'assumer dans les meilleures conditions l'ensemble des étapes allant de la culture du raisin à la commercialisation du vin. Les grands noms comme Patriarche, Bouchard Père & Fils ou Joseph Drouhin restent une garantie de sérieux et de constance de la qualité de très grands vins.

Les vignes de Nuits-Saint-Georges aux portes du village.

Nuits-Saint-Georges (appellation communale)

Idéalement placées au débouché de la combe de la Serrée, creusée par le Seurins, les vignes de Nuits-Saint-Georges bénéficient d'un environnement de coteaux exceptionnels, au cœur de la côte* qui porte son nom : l'appellation* est devenue au fil des siècles un véritable symbole. Si la notoriété « classique » de ses vins lui viendrait d'avoir guéri une souveraine fistule (le médecin de Louis XIV en ayant fort opportunément prescrit à son royal patient), elle tient plus aujourd'hui à la présence du siège de la Confrérie des Chevalier du Tastevin* et à la vente annuelle des Hospices de Nuits*. On ne saurait oublier non plus le baptême d'un cratère de la Lune au Nuits-Saint-Georges par l'équipage d'Apollo XV, que Jules Verne avait fort judicieusement déjà prévu… Ces signes extérieurs de prestige viticole n'ont rien de folklorique ou d'artificiel et honorent l'un des plus grands vins de Bourgogne. Comme on n'est jamais prophète en son pays, Nuits ne possède aucun grand cru*, mais une kyrielle de premiers crus*, très diversifiés, en raison de l'importance du terroir classé : avec près de 290 ha classés dont 150 environ en premier cru*, le vignoble de Nuits produit presque exclusivement des rouges à la robe intense et sombre, charpentés, aux arômes floraux, de cerise, de cassis et de fraise confite évoluant avec l'âge – qui peut être vénérable – vers le cuir et la truffe. Capitale de « sa » côte* comme l'est Beaune pour la sienne, Nuits-Saint-Georges est aussi le siège de grandes maisons de négoce et d'élevage*.

Les étiquettes* peuvent porter indifféremment les mentions d'appellation* Nuits-Saint-Georges ou simplement Nuits.

Paulée de Meursault

Comme dans bien des pays de vignoble, le repas de fin de vendange est une tradition, mais en Bourgogne il possède depuis toujours un relief particulier : c'est l'occasion pour le propriétaire-vigneron de réunir ses ouvriers, d'inviter ses amis venus parfois de très loin pour l'aider à cueillir les grappes, et d'en goûter le premier jus.

Au début du XXe siècle, dans un vignoble décimé par la crise du phylloxéra, le cœur n'était plus à la fête, et la tradition tendait à se perdre : les agapes étaient plus l'occasion de gémir que d'espérer...

C'est en 1923 que le comte Jules Lafon, peut-être pour conjurer le sort, décida de relancer la Paulée de Meursault, repas de vendange traditionnel, pour redorer l'image d'un des plus grands blancs de la côte de Beaune*.

Vignerons et propriétaires ne se firent pas prier, chargés de leurs meilleures bouteilles* pour les faires déguster à leurs voisins de table : une tradition respectée encore aujourd'hui.

Chaque année, la Paulée de Meursault clôt les Trois Glorieuses*, après la célèbre vente des Hospices de Beaune* et la réunion du chapitre de la Confrérie des Chevaliers du Tastevin*. Un jury distingue alors un écrivain de renom en lui décernant le très recherché prix de la Paulée de Meursault, récompensé de 100 bouteilles de vins de crus.

Pernand-Vergelesses (appellation communale)

Patrie d'adoption de Jacques Copeau qui y fonda une compagnie de théâtre, Pernand-Vergelesses n'a pas la renommée de ses deux grands voisins, Aloxe-Corton* et Savigny-lès-Beaune*. Le village doit cependant son nom au vignoble des Vergelesses, magnifiquement exposés à flanc de coteaux, à mi-pente (entre 250 m et 325 m), lui valant un classement mérité en premier cru*. La commune peut tout de même s'honorer de partager avec Aloxe-Corton* un grand cru* : le célèbre Corton-Charlemagne* dont elle ne profite que modestement de la gloire.

L'aire de classement en appellation communale couvre 194 ha, dont 57 en premier cru*.

Paulée de Meursault.

Si la spécialité est plutôt le rouge (3 900 hl), on fait aussi ici un blanc vif et léger (1 750 hl), aux arômes de cassis et de groseille allant vers le miel et l'ambre avec l'âge. Un brin d'acidité conseille d'ailleurs d'attendre pour le boire.
Le rouge est boisé, un peu sec et tannique, ce qui oblige à ne pas l'ouvrir trop vite. Puissant, il développe alors de profonds arômes de fruits rouges et noirs, allant vers l'animal, le musc et le sous-bois.

Cépage pinot noir.

Petit Chablis (appellation communale)

Pénalisé par une appellation* au qualificatif réducteur, et parfois dévalorisé par des rendements excessifs (limités aujourd'hui à 50 hl/ha, comme les Chablis* AOC et premiers crus*), le Petit Chablis est pourtant un vin très agréable, à la robe limpide, un vin blanc vif et léger, avec une certaine verdeur propre aux vins de primeur. Comme tous les vins du Chablisien*, il est exclusivement issu de *chardonnay**. Il se boit très frais (10 à 12 °C), de préférence dans l'année de production. C'était jadis avant tout un vin de carafe mais qui mérite tout à fait d'être mis en bouteille*. Le vignoble compte 475 ha répartis sur 9 communes, pour une production de près de 30 000 hl, en très légère augmentation, malgré un reclassement de certaines surfaces en Chablis*.

Pinot noir

Cépage connu depuis le Moyen Âge, et identifié de façon précise au XIVe siècle, le pinot noir est à l'origine de presque tous les bourgognes rouges, sauf le Mâcon* rouge et le Bourgogne Passe-Tout-Grains*. Il fait partie de l'aristocratie des cépages* qualifiés de nobles. Il doit son nom à la forme de sa grappe, petite et dense, en forme de cône de pin. Ses grains ovoïdes et de couleur bleu sombre ont un aspect velouté. Son jus est incolore. C'est la macération de sa fine peau avec le jus, lors de la fermentation, qui lui donne sa belle couleur caractéristique : rouge cerise aux reflets violets. C'est une vigne relativement fragile, qui affectionne les sols argilo-calcaires peu profonds, caillouteux et bien drainés. Elle a besoin d'une bonne exposition (ni trop chaude ni trop froide), à moyenne altitude (environ 300 m), bien ventilée pour éviter la pourriture grise.
Le *pinot noir* représente, en Bourgogne, près de 40 % des surfaces, soit environ 10 000 ha. C'est aussi bien le cépage de vins de terroirs simples, légers et fruités à boire jeunes, que celui des grands crus* de la côte de Nuits*, de la côte de Beaune* et de la côte Chalonnaise*, où il donne des vins puissants, riches, très colorés, ayant besoin de plusieurs années de cave pour exprimer leur plénitude et toute la complexité de leurs arômes.

Le vignoble et village de Pommard, Côte de Beaune.

Pommard (appellation communale)

On ne sait s'il est sérieux d'affirmer que Pommard devrait son nom à l'antique déesse romaine Pomone, protectrice des fruits et des jardins ; mais la légende est plaisante et justifierait le caractère divin du nectar produit en ces lieux. Ici, le danger fut longtemps l'eau, celle du gué de la Vandaine, signalée par une croix, dont la dangerosité inspira le proverbe bourguignon « Tu n'es pas encore à la croix de Pommard ! ». C'est vrai qu'on préfère ici nettement le vin et depuis fort longtemps avec – particularité pour la Bourgogne – la présence de châteaux qui ont donné leur nom à plusieurs climats* et des appellations* telles que Château de Pommard n'ayant évidemment pas le sens qu'on leur donne en Bordelais.

Même si elle ne remonte peut-être pas à l'Antiquité, la réputation des vins de Pommard est très ancienne. Ronsard, déjà, se demandait comment un aussi grand vin pouvait provenir d'un aussi petit village… Le vignoble compte en effet quelque 337 ha classés, dont 125 en premier cru*. Le rendement est fort opportunément limité à 40 hl/ha assurant tout de même une production de plus de 14 000 hl.

Nous sommes au cœur de la côte de Beaune*, non loin de sa capitale, à deux pas de Volnay* et de Meursault*. Une très belle orientation est/sud-est, alliée à des terrains calcaires à forte dominante marneuse, donne au Pommard (exclusivement rouge) une robe profonde et sombre, une solide charpente, un intense bouquet de cassis, de prune et de cuir. Assez tannique, le Pommard ne s'ouvrira qu'au bout de 5 ans et méritera une très longue garde pour faire disparaître une certaine astringence, signe des vins qui savent vieillir.

Pouilly-Fuissé (appellation communale)

Le grand-public confond souvent le Pouilly-Fumé, excellent vin de Loire, avec le Pouilly-Fuissé, l'un des grands bourgognes blancs. Si l'on avait voulu éviter cette confusion, on aurait pu donner à ce vignoble le nom de Solutré, dont la renommée est aujourd'hui assurée par ce rocher énigmatique, éperon vigilant au sud de la Bourgogne, « site pittoresque » d'intérêt national depuis 1985 où nos ancêtres de la préhistoire chassaient, pense-t-on, les troupeaux de chevaux et de rennes en les précipitant du haut de l'escarpement.

Dans les années 1980, le site connaîtra un surcroît d'intérêt – et de mystère – avec les ascensions annuelles du président Mitterrand accompagné d'une poignée de fidèles.

Les géographes et les géologues désignent la roche de Solutré comme une butte témoin, dont le couronnement, vestige corallien d'une antique mer disparue, a résisté à l'érosion, créant une côte* résiduelle au talus fait de couches calcaires et marneuses alternées, aux fragments arrachés et mêlés par l'érosion. Ajoutons à cela une exposition est/sud-est/sud et l'on réunira les conditions idéales à la culture d'un grand bourgogne.

À 1 km de la roche, le village de Pouilly est au cœur d'un vaste vignoble classé – mais sans aucun premier cru* – de quelque 850 ha (l'un des plus importants, par la taille, de Bourgogne), dont 746 en production. Il couvre en effet les communes de Solutré-Pouilly, de Verguisson et de Chaintré. Chacun de ses villages a ses climats* classés dont le nom, sur l'étiquette*, peut suivre l'appellation*.

On ne produit ici que du blanc (ne sommes-nous pas dans le Mâconnais ?), issu exclusivement de *chardonnay**, le grand cépage* local ayant conquis toute la Bourgogne. Le rendement peut atteindre 50 hl/ha, d'où une production importante d'environ 45 000 hl, soit près de 6 millions de bouteilles. Le plus prestigieux des blancs du Mâconnais*, fort apprécié des étrangers qui captent une grande partie de la production, est un vin à la jolie robe dorée aux reflets verts, fin et distingué, vif et parfumé, légèrement minéral, qui développe des arômes caractéristiques d'amande grillée et de noisette, aux accents de sous-bois encouragés par un élevage* en fût* de chêne. On peut voir souvent sur les étiquettes*, la mention (toute commerciale) « vieilles vignes ».

Le Pouilly-Fuissé peut se boire jeune comme se conserver longtemps.

Pouilly-Fuissé.

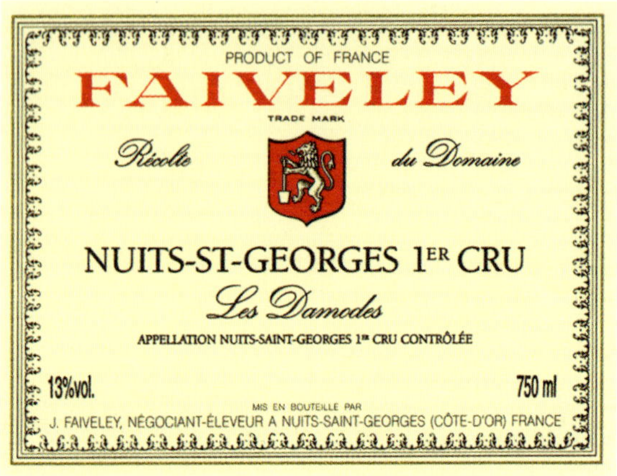

Étiquette premier cru.

Premiers crus

L'appellation premier cru constitue le deuxième degré de la hiérarchie des vins de Bourgogne. Elle est accordée à des vins se distinguant par leur « typicité » et leur très haute qualité. Elle compte 562 climats* (représentant 11 % de la production, soit 125 000 hl, dont 48 % de rouges). L'appellation* (généralement le nom d'un village) est alors portée sur l'étiquette* avec la mention premier cru*, suivie du nom du climat* classé, qui correspond à une parcelle ou à un lieu-dit (par exemple « Gevrey-Chambertin* Premier Cru clos saint-Jacques »). Si le vin provient de l'assemblage de plusieurs climats*, seul est indiquée l'appellation premier cru après le nom de celui-ci.

Puligny-Montrachet (appellation communale)

Puligny partage avec Chassagne, l'un des rares grands crus* de côte de Beaune*, dont les deux communes ont su se répartir adroitement la gloire en en captant le nom. Le calcaire, omniprésent, crée ici des conditions idéales pour la culture du *chardonnay**, qui donne au vin sa belle couleur dorée aux reflets verts si caractéristique mais surtout une personnalité très originale.

Le rouge étant anecdotique (à peine 300 hl), Puligny-Montrachet est avant tout l'un des

meilleurs vins blancs de Bourgogne, avec une production globale d'un peu plus de 10 000 hl, de niveau comparable, en volume, à celle de Rully*.
Sur les 214 ha classés (dont la quasi totalité est en production), près de la moitié l'est en premier cru* avec près d'une trentaine de climats*.
Le Puligny-Montrachet développe des arômes nobles, de fruits exotiques, de sous-bois et de pâte d'amande, aux senteurs parfois végétales. Bien que l'acidité soit mesurée, ce sont des vins de longue garde, les grands crus* dans les meilleures années pouvant dépasser 20 ans sans difficulté.

Grand cru Romanée-Saint-Vivant.

Romanée (grand cru)

La commune de Vosne-Romanée* ne compte pas moins de 6 grands crus* classés : Romanée, Romanée-Conti*, Romanée-Saint-Vivant, Richebourg, La Tâche, La Grande-Rue. La Romanée est peut-être le plus prestigieux.
Le climat* ne fait que 85 ares, ce qui en fait la plus petite appellation* de France, en surface bien sûr. C'est un monopole du château de Vosne-Romanée distribué en exclusivité par Bouchard & Fils.
Jusqu'à la Révolution, le domaine appartenait aux pères de l'Oratoire. Après une période de dispersion, il a retrouvé aujourd'hui son unité, sa petite taille ne permettant pas une parcellisation du type de celle du Clos de Vougeot*, qui aurait tourné au ridicule pour ne laisser à chacun que quelques pieds de vignes, aux figures d'alibis.
Les 8 000 pieds de vigne donnent ici moins de 30 hl, ce qui répond tout juste au rendement maximum autorisé de 35 hl/ha.
La robe est d'un beau rouge rubis. Les arômes traditionnels évoluent vers la cerise, le cassis et la mûre avec le temps, puis viennent les senteurs des bois, le sauvage et les épices. La Romanée reste longtemps corsée sans perdre le moelleux qui la caractérise dès sa jeunesse qu'il faut cependant savoir laisser passer.

Romanée-Conti (grand cru)

Le nom des Conti est associé à ce petit vignoble de 1,80 ha (deux fois plus « vaste » que celui de La Romanée) depuis 1760. Le prince fut le premier à assurer la promotion de son propre vin, en honorant ses hôtes les plus prestigieux du fabuleux nectar.
La Révolution qui, naturellement, « nationalisa » l'aristocratique parcelle ne parvint pas à lui faire perdre son nom, fort intelligemment conservé par ceux qui acquirent la vigne. La Goillotte,

construite à la demande même du prince, veille toujours sur le vignoble qui ne produit que 47 hl/an, soit un rendement inférieur à 30 hl/ha (5 hl en dessous du seuil légal). Ici on parle en fait en milliers de bouteilles, qui se vendent à l'unité.

Le caractère historique de chaque pied de vigne a fait longtemps différer leur renouvellement après la crise du phylloxéra et aurait bien pu être responsable de la disparition pure et simple de la vigne, reconstituée progressivement dans les années 1950, à partir de greffons issus des grands crus* voisins.

Exclusivement rouge, la Romanée-Conti a la réputation d'être le vin le plus cher du monde.

Trésor d'harmonie et de complexité, ce vin développe les arômes archétypes des plus grands Bourgogne, avec une note de pétales de roses très caractéristique et une persistance aromatique exceptionnelle. Il peut vieillir plusieurs dizaines d'années.

Rully (appellation communale)

Cette appellation communale est accordée à des vins produits sur la commune du même nom et, pour une modeste partie, sur celle de Chagny, au nord de l'aire de production de la côte chalonnaise*.

La tradition vigneronne est solidement ancrée dans une permanence que souligne l'ancienneté et la pérennité de la famille de Rully, dont le magnifique château aux toits de lauzes remonte au minimum au XIIe siècle. La tradition vigneronne est ancienne : ne dit-on pas qu'on offrit du vin de Rully à Louis XIII lorsqu'il visita Chalon ?

On produit ici du blanc (2/3) et du rouge (1/3), le vignoble possédant une vingtaine de premiers crus*, répartis principalement sur la commune de Rully. La progression de la production (10 000 hl de blanc et 5 000 de rouge), sensible pour tous les bourgognes blancs, ne s'est pas faite au détriment de la qualité. L'aire délimitée représente

Le château de Rully (ci-dessous), les vignes et le village à droite.

450 ha dont 123 sont classés en premier cru*.
Issu classiquement de *pinot noir**, les rouges arborent une belle couleur rubis tendant au pourpre, et font preuve d'une belle élégance. Le nez est fait de violette, de fruits rouges et de noisette, avec une pointe de pain grillé.
Les blancs, dont la robe tire sur le doré, développent une grande complexité d'arômes de noisette, de fleur blanche avec une note citronnée. Ils sont plus ou moins secs suivant la partie du vignoble d'où proviennent les raisins.
Rully présente la particularité d'être l'un des grands centres de production du Crémant de Bourgogne*, issus de vins des communes voisines.

Saint-Aubin (appellation communale)

Situé sur le chemin des Hautes-Côtes*, Saint-Aubin est sans doute le plus occidental des vignobles possédant des climats* classés en premier cru*. L'ancienneté de l'église du village, qui remonte au moins au Xe siècle, est là pour attester celle du vignoble, car il y a rarement de messes sans vin...

On est ici au sommet de la côte* et les vignes montent jusqu'à 400 m, alors que le relief s'adoucit progressivement vers les Hautes-Côtes*.
On produit du blanc, issu de cépage *chardonnay**, et du rouge, à partir de *pinot noir** et non de *gamay** comme pourrait le laisser penser le hameau du même nom tout proche. La légende veut que le seigneur des lieux ait ramené quelques ceps de vigne des Croisades pour les essayer chez lui ; rien n'est moins sûr, même si la chose n'est pas impossible.
L'aire de production s'étend sur 237 ha, dont 156 classés en premier cru*. Rouges et blancs font à peu près jeu égal en surface, avec, en revanche, un très net avantage au blanc : 4 300 hl contre 2 900 hl du fait des différences de rendement.
Proche de Puligny-Montrachet* et de Chassagne-Montrachet*, Saint-Aubin bénéficie de traditions et d'un savoir-faire qui font les grands bourgognes, surtout en blanc. Celui-ci présente une belle robe jaune pâle aux reflets verts, avec des arômes de miel, de fleur, un beau bouquet de pâte d'amande et d'amandes fraîches tirant, avec les années, vers la cannelle. On peut le conserver longtemps.
Les rouges, bien colorés, sont fermes, un brin rustiques quand ils sont jeunes. Ils révèlent franchement le cassis et la cerise, pour aller vers le sous-bois et le cuir. Ils évoluent en souplesse et conservent une persistance remarquable. Ils peuvent être conservés une bonne dizaine d'années.

Saint-Bris (appellation communale)

Connu pour ses carrières de pierre (on dit que celles du Panthéon en furent extraites), aujourd'hui utilisées pour l'élaboration et l'élevage* du Crémant de Bourgogne*, Saint-Bris produit le Bourgogne Côte-d'Auxerre (AOC), des rouges issus de *pinot noir** et des blancs à partir de cépage* *sauvignon*, une originalité en Bourgogne liée à la reconstitution du vignoble au début du XXe siècle, après la crise du phylloxéra, à partir de pieds « importés » des pays de Loire voisins. Cultivée sur les plateaux calcaires environnants, la vigne produit un blanc sec aux accents de Sancerre, assez minéral, au nez de feuilles de cassis dominant des arômes d'agrumes et d'herbe coupée. Frais, fruité, long en bouche, c'est un vin à consommer jeune car il ne se conserve guère plus de 5 ans. Plus nettement délimité qu'aujourd'hui, le vin de Saint-Bris pourrait devenir prochainement une AOC à part entière, comme l'Irancy* tout proche.

Saint-Véran (appellation communale)

En Bourgnogne rien n'est simple en matière d'appellation, mais on y trouve généralement une explication à tout, même au moins justifiable. Pourtant, les meilleurs experts ne savent expliquer pourquoi le vin produit à Saint-Vérand, avec un « d », s'appelle le Saint-Véran, « tout court »…

Ce vin du sud du Mâconnais, donc le plus méridional des bourgognes, aurait d'ailleurs fort bien pu s'appeler tout autrement, puisque son aire de production (590 ha), fort importante, s'étend aussi sur les villages de Chânes, Chasselas, Davayé, Leynes, Prissé et même Solutré-Pouilly.

Un rendement de 55 hl/ha et une production de plus de 35 000 hl donnant plus de 4 millions de bouteilles par an souligne le succès de ce vin blanc, exclusivement issu de *chardonnay**, produit majoritairement en coopérative* comme il est fréquent dans le Mâconnais.

On ne relève aucun premier cru*, et l'appellation* peut être suivie, sur les étiquettes*, du climat* où le vin est produit.

On retrouve la caractéristique robe dorée aux reflets verts, associée à des arômes fruités de pêche blanche et de poire, d'acacia, de chèvrefeuille, évoluant vers la noisette et la pierre à fusil en vieillissant.

Le Saint-Véran est un vin qui se boit jeune, sans doute par influence du Beaujolais tout proche, mais certaines bouteilles peuvent tout à fait être conservées plusieurs années.

Saint-Vincent

Né en Espagne à la fin du IIIe siècle, saint Vincent était diacre de Saragosse. Mort martyrisé le 22 janvier 304, à Valence, saint Vincent doit peut-être seulement aux deux syllabes de son nom d'être devenu le patron des vignerons : « vin-cent » ou « le sang de la vigne ». D'aucuns prétendent que c'est à son âne que Vincent dut cet honneur : l'animal, un jour que le futur saint bavardait avec un vigneron, aurait brouté un cep* de vigne qui, miraculeusement mais consciencieusement taillé aurait, c'est bien normal, produit plus que les autres l'année suivante. Peut-être son office, qui le prédisposait à manier les burettes, lui valut-il aussi d'être apprécié par les vignerons espagnols ? Reste, enfin, que depuis le Moyen Âge, adopté par les Burgondes ancêtres des Bourguignons (peut-être en concurrence avec saint Martin choisi, lui, comme patron par les Francs), saint Vincent est resté le patron très respecté des vignerons et fêté comme il se doit avec des canons qui n'ont rien de pontificaux. Saint Vincent est aussi le patron des « sociétés de secours mutuel » qui se sont créées dans presque tous les villages de vignerons au XIXe siècle. Elles sont l'expression d'une solidarité bien bourguignonne qui conduit depuis toujours les vignerons d'une paroisse à s'occuper, à tour de rôle, des vignes d'un confrère empêché de le faire par un accident ou la maladie.

Saint-Vincent : la procession.

Saint-Vincent tournante
En Bourgogne, dans les villages de vignerons, il était de coutume de confier chaque année la statue de saint Vincent* à une famille différente, la transmission ayant lieu le jour de la fête du saint. En 1938, la toute jeune Confrérie des Chevaliers du Tastevin* imagina une Saint-Vincent « tournante », ouvrant le cycle annuel de ses chapitres, le dernier samedi (aujourd'hui le week-end) de janvier (la fête du saint tombant le 22). Depuis cette date, un village, différent chaque année, accueille collectivement la Saint-Vincent, occasion de réveiller le souvenir des antiques corporations assoupies depuis la Révolution qui les avait supprimées (comme l'ensemble du corporatisme), de resserrer les liens entre vignerons et de fêter comme il se doit, le saint patron. Procession et messe précèdent l'intronisation des plus anciens vignerons du village dans l'ordre des Chevaliers du Tastevin* (ci-dessus) ; puis c'est le premier chapitre de l'année de la Confrérie et le traditionnel « repas de cochon » qui l'accompagne, rappelant que pour être religieuse, la Saint-Vincent n'en est pas moins gourmande et joyeuse.

Santenay (appellation communale)
Si pour certains villages vignerons la fréquentation romaine n'est qu'hypothétique, Santenay peut dans ce domaine être affirmatif. Mais l'honnêteté oblige aussitôt à souligner leur intérêt pour les sources thermales avant leur amour des vins locaux… Car Santenay reste autant une ville d'eau qu'une cité des vins, avec ses sources, ses vignobles et son… casino.
Si les eaux sont réputées pour soigner l'appareil digestif (ce qui peut toujours être utile en cas d'excès), c'est surtout le vin rouge (près de 90 % de la production) qui fait la réputation internationale de Santenay.
Débordant sur la commune de Remigny, le vignoble (366 ha) possède plusieurs premiers crus* (124 ha), issus essentiellement de *pinot noir**, tous sur la commune qui a donné son nom à l'appellation*. Celle-ci peut être suivie de

Santenay, château de Philippe II le Hardi.

l'appellation premier cru* pour les parcelles classées, soit du seul nom du climat* pour celles qui ne le sont pas.
Les rendements maximums autorisés à l'hectare sont limités à 40 hl pour le rouge et 45 hl pour le blanc, confidentiel avec moins de 40 000 bouteilles par an. Ici la qualité prime définitivement sur la quantité, de la conduite de la vigne – en cordon de Royat – à l'élevage*.
Une structure géologique complexe, bouleversée par des failles, imprime sa diversité à la production, avec une prime, comme toujours, aux vins produits sur les pentes, « à l'est du clocher » comme le veut une tradition locale.
Si le blanc est sec et corsé, le rouge est charpenté, tannique, certains diront presque austère. Il développe des arômes d'amande, de fraise et de violette pour les premiers crus*. En vieillissant – jusqu'à 25 ans sans problème – viennent les arômes de châtaigne et de prune, apanage des vins vénérables. Il est bon de lui laisser 5 ans avant de l'ouvrir.

Savigny-lès-Beaune (appellation communale)

Le voyageur pressé qui descend de Paris vers le Midi par l'autoroute A6 débouche sur la vallée de la Saône en pointant vers Beaune, sans soupçonner qu'il coupe le vignoble au niveau de Savigny-lès-Beaune, l'un des grands noms des vins de Bourgogne. Les origines du village, aujourd'hui rejoint par la banlieue

Savigny-lès-Beaune.

Savigny-lès-Beaune

de Beaune, sont gallo-romaines avec, dès cette époque sans doute, la culture de la vigne, encouragée plus tard par les moines de la toute proche abbaye* de Sainte-Marguerite, fondée au XIe siècle. L'association du relief de côte* et de la combe formée par la vallée du Rhoin crée des conditions d'orientation (sud/sud-est) et de pente optimales pour la culture de la vigne. Le vignoble peut se déployer jusque dans la plaine, dans un vaste entonnoir limité au nord par Aloxe-Corton* et au sud par Beaune*, les premiers crus* s'établissant comme toujours à mi-pente, aux environs de 300 m d'altitude.

L'aire de production s'étend sur 383 ha (presque totalement en production), dont 144 classés en premier cru*. Le rouge domine très largement, ne laissant au blanc qu'une trentaine d'hectares avec une production d'un peu plus de 1 500 hl. L'essentiel, soit près de 15 000 hl, est constitué de rouges presque uniquement issus de *pinot noir**. L'appellation* peut être Savigny-lès-Beaune ou seulement Savigny, suivie éventuellement de l'expression premier cru* ou du nom du climat* ainsi classé, ou de l'un et de l'autre. Les rouges, uniquement, peuvent aussi utiliser l'appellation Côte de Beaune-Villages*.

L'intensité de la robe des rouges est moyenne. Le bouquet ne manque pas d'élégance, avec des notes de fruits rouges, griotte, framboise, et de fruits noirs, cassis et mûre, tirant vers les senteurs de sous-bois et de fougère. L'ampleur du vignoble crée bien sûr des disparités (et parfois aussi quelques déceptions). Si les premiers crus* sont charpentés et puissant, deman-

dant à vieillir, les autres sont légers, peu tanniques et peu acides, ce qui impose de les boire plus rapidement.
Les blancs sont vifs, et gagnent à attendre un peu pour prendre de la souplesse et du moelleux et développer des arômes de fruits exotiques, de pomme, de fleur blanche et de noisette.

Tastevin

Les Bourguignons attachent une importance particulière aux instruments de la dégustation*.
Le tastevin a la faveur de beaucoup. C'est une tasse basse en argent ou en métal argenté rappelant l'époque où l'on dégustait à la faible lueur des bougies. Le fond est structuré de stries, de boutons et de cupules permettant de refléter la lumière (si faible soit-elle) à travers le vin et d'observer la limpidité, la couleur et l'intensité de la robe. La contenance du tastevin est limitée par un bosselage central – l'ombilic – qui réduit la contenance et limite le gaspillage.

Tastevinage

Véritable « examen de confiance » plutôt que concours viticole, le Tastevinage a été créé en 1950 (une très bonne année) par la Confrérie des Chevaliers du Tastevin* pour garantir et encourager la qualité des vins qu'ils participaient à promouvoir. Au terme

Utilisation du tastevin.

Bouteilles bénéficiant du label du tastevinage.

d'un examen sévère (le jury, indépendant, composé de quelque 250 dégustateurs sélectionnés parmi les meilleurs palais et les plus grands professionnels, mais sans aucun chevalier, statue par oui ou par non), l'estampille de la Confrérie est accordée aux vins de Bourgogne répondant le mieux aux caractéristiques de leur appellation* et de leur millésime*. Un tiers seulement des vins en compétition reçoit l'agrément de la Confrérie.

Trois Glorieuses

Chaque année, du samedi au lundi, le troisième week-end de novembre se succèdent les Trois Glorieuses, devenues une véritable institution festive en Bourgogne : le chapitre de la Confrérie des Chevaliers du Tastevin* (le samedi soir), la célèbre vente des Hospices de Beaune* (le dimanche après-midi), et la Paulée de Meursault* le lundi après-midi. Trois jours de fête* lancés en 1934 par l'un des fondateurs de la Confrérie, Georges Rozet, et réunissant dans la joie et la bonne humeur, mais avec le sérieux qu'il faut, Côtes de Nuits* et Côtes de Beaune* dans le même élan festif. À ne manquer sous aucun prétexte.

Vendanges

Aboutissement de la culture de la vigne et de la production du raisin, la vendange est la première étape de l'élaboration du vin.
Le choix de la date de vendange n'est pas une mince affaire. Le meilleur raisin n'est pas, en effet,

celui qui est le plus sucré, donc celui qui serait vendangé le plus tardivement. La qualité optimale du raisin résulte d'un subtil équilibre entre sucre et acidité (plus la teneur en sucre augmente et plus l'acidité baisse). Apprécier cet équilibre reste avant tout une question de savoir-faire. Bien que beaucoup de vignerons aient recours à de savantes méthodes d'analyses en laboratoire, l'appréciation de l'homme tient encore une place importante, d'autant plus que les caprices de la météo peuvent bouleverser les cartes du jour au lendemain et bousculer radicalement bien des équilibres. Depuis la véraison (changement de couleur des grains), le vigneron prélève des grains deux fois par semaine, et contrôle le moût obtenu à l'aide d'un appareil – le réfractomètre – mesurant en particulier la teneur en sucre.

Si le vigneron est maître de l'appréciation de la maturité de ses raisins et s'il reste bien sûr libre du choix de sa date de vendange, il ne peut commencer celle-ci avant le jour dit, déterminé, depuis le Moyen Âge, par les « autorités », dans un souci de qualité et d'égalité entre les vignerons. Aujourd'hui fixé par arrêté préfectoral, le « ban de vendange » décide du lancement des vendanges. En Bourgogne, elles se déroulent généralement entre le 10 et le 30 septembre, du sud au nord du vignoble.

En dépit des efforts physiques qu'elles imposent, les vendanges restent une grande fête initiatrice, noces de la vigne et du vin.

La machine à récolter le raisin a fait son apparition en Bourgogne comme ailleurs. Elle est plus utilisée en Saône-et-Loire qu'en

Vendanges.

Vendanges : la cueillette à la main du pinot noir.

Verres à dégustation.

Côte-d'Or, où le vignoble est le plus morcelé. Les vertus de la récolte à la main restent cependant l'apanage des plus grands crus* et des appellations* les plus prestigieuses. Aux avantages de la rapidité de la vendange mécanique (qui libère de certaines incertitudes climatiques), le ramassage manuel peut opposer la sélection et les soins dans la cueillette, qu'aucune machine ne permet. La parcellisation de certains climats*, auxquels sont aussi associées les appellations* les plus nobles ne laisse d'ailleurs parfois pas d'autre choix que la vendange manuelle.
Une fois cueilli, le raisin doit être apporté au pressoir où commence la vinification*.

Verre

Le verre tend à remplacer le tastevin* dans la dégustation*. Il doit être de cristal blanc, léger, de volume suffisant, sur pied, en forme de tulipe pour bien apprécier la couleur et la limpidité du vin, mais aussi pour concentrer les arômes lors de l'examen olfactif. Le classique verre ballon peut aussi être utilisé. Il existe un verre normalisé homologué par l'INAO pour les dégustations* officielles.

Villages (appellations communales vins de)

Les parcelles d'un même village (et donc d'une même commune) peuvent bénéficier d'une appellation d'origine contrôlée adoptant le nom de celui-ci. Il en est ainsi pour 42 villages de Bourgogne bénéficiant des situations les plus favorables, reconnus pour la constance et la qualité de leurs vins. C'est le cas, par exemple, de Meursault*, Mercurey*, Pommard* ou Gevrey-Chambertin*. Mais comme rien n'est évident en Bourgogne, certaines appellations* peuvent être prises par plusieurs communes (Pouilly-Fuissé*, par exemple). Il est à noter, aussi, que toutes les parcelles d'une même commune ne peuvent prétendre à l'appellation de village et doivent alors se contenter d'une appellation régionale*.
Les 42 AOC de villages représentent 34 % de la production, avec 145 000 hl, dont 42 % de rouges seulement.

Vinification

Aussitôt vendangé, le raisin doit être porté le plus rapidement possible au pressoir. Certains vignerons poussent le soin jusqu'à trier les grappes et les grains pour éliminer celles et ceux qui sont abîmés.

Se pose alors la question de l'égrappage, ou éraflage. La rafle (le pédoncule et les pédicelles qui solidarisent les grains) donne au vin des arômes herbacés, alors qu'en l'éliminant on renforce le caractère tannique du vin.

Une fois pressé, le raisin donne un jus – le moût – que l'on stocke en cuve : le débat reste vif entre les tenants de la tradition, qui ne jurent que par la classique cuve en bois de chêne, et les adeptes du modernisme, qui préfèrent la cuve en Inox ou en béton, certes moins poétique mais sanitairement plus sûre.

La clarification du moût se fait par élimination manuelle des plus grosses particules – les bourbes –, la production de masse faisant seule appel à la centrifugeuse.

La température joue un rôle déterminant dans le processus de fermentation, d'où l'adoption de systèmes de régulation thermique, réchauffant ou refroidissant le moût, même sur les classiques cuves en bois, ainsi la thermorégulation libère le vigneron des incertitudes climatiques et lui permet de mieux gérer la fermentation.

Ce phénomène naturel commence en fait dès l'éclatement de la peau des grains, lorsque le jus sucré de la pulpe entre en contact avec les levures qui tapissent l'extérieur des grains. Seules certaines levures, cependant, provoquent la production de l'alcool nécessaire à l'élaboration du vin. Les vignerons, on s'en doute, ont ici tous leurs secrets et sélectionnent avec soin les levures en fonction de critères précis qui font la magie des grands vins.

Le vigneron accompagne, oriente et surveille la fermentation plus qu'il ne contrôle ce phénomène naturel, inéluctable lorsque les conditions nécessaires sont réunies. La gestion de la température est ici le facteur clé, en plus d'interventions spécifiques comme le pigeage, qui consiste à repousser régulièrement les baies qui remontent au centre de la cuve. L'avenir du vin

Vinification : les attentions du vigneron.

921

se joue très largement dans la cuve, la température et la durée de fermentation déterminant son caractère. La chaptalisation, c'est-à-dire l'adjonction de sucre (maximum 2 %) peut être pratiquée pour activer ou suppléer l'action des levures.
Lorsque le vigneron juge que le degré de fermentation est atteint (entre 10 jours et 3 semaines suivant les vins et les crus), le vin nouveau peut quitter la cuve. Commence alors l'élevage*.

Volnay (appellation communale)

Est-il bourgogne qui fut plus convoité que le vin de Volnay ? On sait qu'il était bu de l'autre côté des Alpes dès le VIe siècle. On en dégusta lors du sacre de Philippe VI de Valois. Louis XI, jamais avare d'une terrible revanche posthume sur Charles le Téméraire… confisqua toute la vendange de Volnay à la mort de son terrible ennemi. À Versailles, bien plus tard, on servait régulièrement du Volnay à la table du Roi. L'histoire ne dit pas si c'est là que Bossuet put en apprécier la qualité pour ensuite en chanter les louanges. La République, sans rancune dans le domaine culinaire envers la monarchie, en sert régulièrement à la table présidentielle pour régaler les hôtes de la France.
Perché sur le sommet de la côte de Beaune*, le village de Volnay domine ses vignes merveilleusement situées entre 250 et 300 m pour les premiers crus*, sur une belle pente orientée est/sud-est à la formule géologique magique.
L'aire d'appellation couvre 228 ha dont 226,40 en exploitation : c'est dire qu'ici on ne perd pas beaucoup de terrain ! L'aire de classement en premier cru *déborde sur la commune de Meusault* sous la forme d'une enclave d'appellation Santenots (29 ha) dont les vins peuvent bénéficier de l'appellation Volnay-Santenots.
En principe, le Volnay est exclusivement rouge, issu de *pinot noir** ; mais comme rien n'est simple en Bourgogne, des vins blancs pouvant provenir du climat* Santenots, sur la commune de Meursault (temple du blanc), peuvent utiliser l'appellation Meursault* premier cru* ou Meursault-Santenots, ou encore Meursault.
Au-delà de l'anecdote, on peut considérer le Volnay comme un très grand rouge à la robe vermeil atteignant le rubis avec l'âge ; un vin racé, rond, élégant jusqu'à la féminité, au somptueux bouquet de baies rouges et de violette.

Vosne-Romanée (appellation communale)

Il est des vins, comme le Volnay*, qui peuvent revendiquer une réputation toute monarchique, d'autres qui peuvent faire référence aux Romains. Le Vosne-Romanée peut mettre en exergue une reconnaissance très républicaine puisque la Révolution le proclama « le plus excellent de tous les vins de la République française ». Cela n'empêche pas une croix de signaler le plus prestigieux, peut-être, de tous les grands crus* de Bourgogne : la Romanée-Conti*, qui

Vosne-Romanée.

Vosne-Romanée : Clos des Réas.

doit ses origines aux moines de Saint-Vivant. Comme quoi le vin de Bourgogne est porteur de réconciliation nationale !

Orienté est, à flanc de côte*, le vignoble d'appellation s'étale sur la pente, entre 235 m et 350 m, avec un carré magique, à l'ouest du village, qui concentre la quintessence des vignobles de grand cru (Romanée*, Saint-Vivant, Richebourg, La Tâche ou La Tâche-Les Gaudichots, les Gaudichots, La Grande-Rue) et une enclave sur Flagey-Échezeaux avec également son lot de grands crus*, dont le célébrissime Grands-Échezeaux*, frontalier du Clos de Vougeot*.

Le vignoble d'appellation ne compte que 156 ha, dont 149 sont en production, répartis, donc, entre les communes de Vosne-Romanée (131 ha) et de Flagey-Échezeaux* (25 ha).

Le rendement maximum autorisé est de 40 hl/ha, une donnée sans signification dans les clos de grands crus* où l'on parle en bouteilles/ha et non en hectolitres. Les exploitants peuvent aller jusqu'à renoncer

à une récolte si elle n'est pas à la hauteur de la réputation du cru. On est ici dans le secteur des vins les plus chers du monde, des bouteilles vendues à l'unité, et il n'est pas question de jouer avec la qualité.
L'excellence des grands crus* rejaillit sur l'ensemble du vignoble de Vosne-Romanée. Il ne faut cependant pas attendre d'un premier cru* ou d'un simple vin d'appellation les qualités d'un grand cru : un nom et une étiquette* n'ont jamais fait de miracle, mêmes si certains vignerons ont pensé un temps qu'il était possible d'y faire croire.
Le Vosne-Romanée, exclusivement rouge issu de *pinot noir**, est un sommet d'élégance, un vin remarquablement équilibré, charnu, moelleux, à l'acidité et aux tannins discrets, développant des arômes très complexes où dominent comme il sied les fruits rouges : cerise, fraise évoluant vers le sous-bois avec l'âge. Le Vosne-Romanée est, on s'en doute un vin de très longue garde qui, en moyenne, peut attendre en cave pendant une quinzaine d'années sans problème.

Vougeot (appellation communale)

Il est des mots qui en appellent un autre : quand on prononce Vougeot, on pense aussitôt clos… Pourtant, Il n'y a pas que le clos à Vougeot, minuscule village de la côte de Nuits* qui en tire l'essentiel de sa gloire, mais peut se targuer aussi de posséder son appellation* et un vignoble d'appellation de 16,50 ha, où l'on produit majoritairement des rouges (14,60 ha, 541 hl) mais aussi des blancs (3,1 ha, 132 hl). Vougeot a aussi ses 5 premiers crus* qui bénéficient directement des retombées de la renommée du célèbre clos.
Compte tenu de la faible superficie du vignoble, il est juste de considérer que les terres voisines produisent un vin qui en possède le caractère, même s'ils n'en ont pas la magie.
Le vignoble est dominé par le château de Vougeot*, siège depuis l'après-guerre de la célèbre Confrérie des Chevaliers du Tastevin* dont on sait le remarquable travail de promotion et d'encouragement des vins de Bourgogne.
Le Vougeot blanc, anecdotique, est assez corsé, souple et élégant. Le rouge est puissant, riche, équilibré et possède les arômes de fruits rouges propres aux grands vins de Bourgogne.

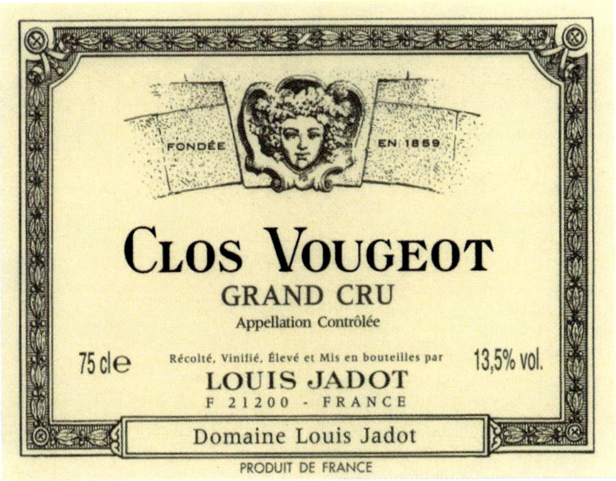

BOUCHARD PÈRE & FILS
GRANDS VINS DE BOURGOGNE DEPUIS 1731
Domaine Bouchard Père & Fils
1996
MEURSAULT GENEVRIÈRES
APPELLATION MEURSAULT PREMIER CRU CONTRÔLÉE
BOUCHARD PÈRE & FILS
CHATEAU DE BEAUNE, CÔTE D'OR, FRANCE
PRODUIT DE FRANCE - PRODUCT OF FRANCE
1998
ALIGOTÉ
ANTONIN RODET
Chambolle-Musigny
1989
CHATEAU
DE POMMARD
JEAN LOUIS LAPLANCHE
PROPRIÉTAIRE
MISE DU CHATEAU
Appellation Pommard Contrôlée

ADRESSES

MAISON DU VIGNOBLE AUXERROIS
14, route de Champ
89530 Saint-Bris-Le-Vineux
tél : (33) 03 86 53 66 76

MAISON DES VINS À CHABLIS
Le Petit-Pontigny
1, rue de Chichée
89800 Chablis
tél : (33) 03 86 42 42 22
fax : (33) 03 86 42 80 16

MAISON DES VINS À BEAUNE
12, bd Bretonnière
21204 Beaune
tél : (33) 80 25 04 80
fax : (33) 80 25 04 81

MAISON DES HAUTES-CÔTES
Marey-lès-Fussey
21700 Nuits-Saint-Georges
tél : (33) 03 80 62 91 29
fax : (33) 03 80 62 96 79

MAISON DES VINS À MÂCON
484/520, av. de-Lattre-de-Tassigny
71000 Mâcon
tél : (33) 03 85 22 91 11
fax : (33) 03 85 22 91 12

MAISON DES VINS DE LA CÔTE CHALONNAISE
Promenade Saint-Marie
71100 Chalon-sur-Saône
tél : (33) 03 85 41 64 00
fax : (33) 03 85 41 99 83

BIVB : BUREAU INTER-PROFESSIONNEL DES VINS DE BOURGOGNE
12, bd Bretonnière
21204 Beaune
tél : (33) 80 25 04 80
fax : (33) 80 25 04 81

ÉCOLE DU VIN
Même adresse que le BIVB

LES CONFRÉRIES

Les Piliers chablisiens
Rue de Chanteprime
89800 Maligny
tél : (33) 03 86 47 44 01

La Confrérie des Trois Ceps
13, rue de Grisy
89530 Saint-Bris-le-Vineux
tél : (33) 03 86 53 31 68

La Confrérie des Chevaliers du Tastevin
Rue de Chaux
21700 Nuits-Saint-Georges
tél : (33) 03 80 61 07 12

La Cousinerie de Bourgogne
21420 Savigny-lès-Beaune
tél : (33) 03 80 21 53 34

Le Souverain Bailliage de Pommard
21630 Pommard
tél : (33) 03 80 22 59 69

Les Grumeurs de Santenay
Rue de Narosse
21590 Santenay
tél : (33) 03 80 20 60 56

La Confrérie des Compagnons de l'Ouillette
1, route de Beaune
21630 Pommard
tél : (33) 03 80 24 62 25

La Confrérie des Compagnons de la Loucholle
4, rue du Bourg
21200 Vignolles
tél : (33) 03 80 22 22 70

La Confrérie des Vignerons de Saint-Vincent et Disciples de la Chanteflûte
71460 Mercurey
tél : (33) 03 85 45 22 99

La Confrérie des Vignerons de Saint-Vincent à Mâcon
71960 Prissé
tél : (33) 03 85 37 81 49

LA PYRAMIDE DES APPELLATIONS

Grands Crus
1,5 % de la production
32 grands crus en Côte-d'Or
1 grand cru à Chablis (avec 7 climats)

Appellations communales suivies d'un nom de climat classé en premier cru
10 % de la production
562 climats en premier cru

Appellations communales
34 % de la production
44 AOC communales

Apppellations régionales ou parties de région
54,5 % de la production
21 AOC régionales

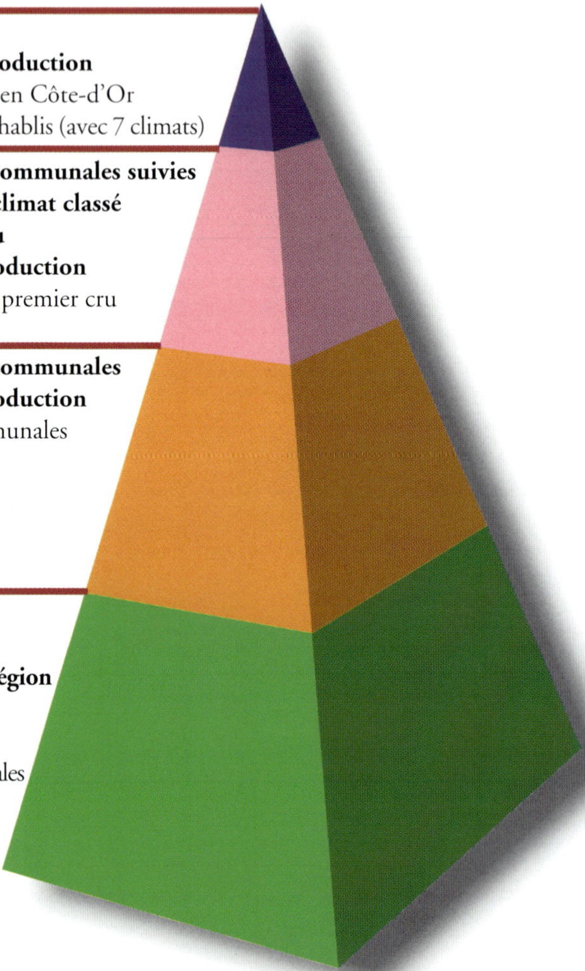

LES MILLÉSIMES DE 1945 À 1999

1945	1947	1953	1955	1959	1961	1966	1969	1970	1971	1975	1976	1978	1982	
18	17	14	15	16	18	16	18	10	17	8	16	18	13	
14	16	15	16	16	16	16	17	13	16	11	15	18	17	
1983	**1985**	**1986**	**1988**	**1989**	**1990**	**1991**	**1992**	**1993**	**1994**	**1995**	**1996**	**1997**	**1998**	**1999**
17	18	13	18	17	18	16	16	18	16	17	18	16	16	18
18	17	16	16	17	17	15	18	17	17	18	18	15	15	17

Vin rouge   Vin blanc   (d'après l'ABCdaire du vin Flammarion, actualisé)

TABLEAU DES APPELLATIONS D'ORIGINE CONTRÔLÉES DES VINS DE BOURGOGNE

CHABLIS ET GRAND AUXERROIS	TYPE DE VINS
Bourgogne Chitry	blanc
Bourgogne Côte Saint-Jacques	rouge et blanc
Bourgogne Côtes d'Auxerre	rouge et blanc
Bourgogne Côtes du Couchois	rouge
Bourgogne Coulanges-la-Vineuse	rouge
Bourgogne Épineuil	rouge
Bourgogne Vézelay	blanc et rosé
Chablis (et premier cru)	blanc
Chablis grand cru	blanc
Irancy	rouge
Petit Chablis	blanc
Sauvignon de Saint-Bris	blanc

CÔTE DE NUITS	
Bonnes-Mares	rouge
Chambertin	rouge
Chambertin-Clos de Bèze	rouge
Chambolle-Musigny	rouge
Chapelle-Chambertin	rouge
Charmes-Chambertin	rouge
Clos de la Roche	rouge
Clos de Tart	rouge
Clos de Vougeot	rouge
Clos des Lambrays	rouge
Clos Saint-Denis	rouge
Côte de Nuits-Villages	rouge et blanc
Échezeaux	rouge
Fixin	rouge et blanc
Gevrey-Chambertin	rouge
Grands-Échezeaux	rouge
Griotte-Chambertin	rouge
La Grande-Rue	rouge
La Romanée	rouge
La Tâche	rouge
Latricières-Chambertin	rouge
Marsannay	rouge

TABLEAU DES APPELLATIONS D'ORIGINE CONTRÔLÉES DES VINS DE BOURGOGNE

Marsannay rosé	rosé
Mazis-Chambertin	rouge
Mazoyères-Chambertin	rouge
Morey-Saint-Denis	rouge et blanc
Musigny	rouge et blanc
Nuits-Saint-Georges ou Nuits	rouge et blanc
Richebourg	rouge
Romanée-Conti	rouge
Romanée-Saint-Vivant	rouge
Ruchottes-Chambertin	rouge
Vosne-Romanée	rouge
Vougeot	rouge et blanc

CÔTE DE BEAUNE

Aloxe-Corton	rouge et blanc
Auxey-Duresses	rouge et blanc
Bâtard-Montrachet	blanc
Beaune	rouge et blanc
Bienvenues-Bâtard-Montrachet	blanc
Blagny	rouge
Bourgogne Hautes-Côtes de Beaune	rouge
Bourgogne Hautes-Côtes de Nuits	rouge
Charlemagne	blanc
Chassagne-Montrachet	rouge et blanc
Chevalier-Montrachet	blanc
Chorey-lès-Beaune ou Chorey	rouge et blanc
Corton	rouge et blanc
Corton-Charlemagne	blanc
Côte de Beaune	rouge et blanc
Côte de Beaune-Villages	rouge
Criots-Bâtard-Montrachet	blanc
Ladoix	rouge et blanc
Maranges	rouge et blanc
Meursault	rouge et blanc
Monthelie	rouge et blanc
Montrachet	blanc
Pernand-Vergelesses	rouge et blanc
Pommard	rouge

TABLEAU DES APPELLATIONS D'ORIGINE CONTRÔLÉES DES VINS DE BOURGOGNE

Puligny-Montrachet	rouge et blanc
Saint-Aubin	rouge et blanc
Saint-Romain	rouge et blanc
Santenay	rouge et blanc
Savigny-lès-Beaune ou Savigny	rouge et blanc
Volnay	rouge
Volnay-Santenots	rouge

CÔTE CHALONNAISE

Bouzeron	blanc
Givry	rouge et blanc
Mercurey	rouge et blanc
Montagny	blanc
Rully	rouge et blanc

MÂCONNAIS

Mâcon	rouge, rosé et blanc
Mâcon supérieur	rouge, rosé et blanc
Mâcon-Villages	blanc
Pinot-Chardonnay-Mâcon	blanc
Pouilly-Fuissé	blanc
Pouilly-Loché	blanc
Pouilly-Vinzelles	blanc
Saint-Véran	blanc
Viré-Clessé	blanc

APPELLATIONS COMMUNES À TOUS LES VIGNOBLES

Bourgogne	rouge et blanc
Bourgogne Aligoté	blanc
Bourgogne clairet ou Bourgogne rosé	rosé
Bourgogne Grand ordinaire ou Bourgogne ordinaire	rouge, rosé et blanc
Bourgogne mousseux	rouge, rosé et blanc
Bourgogne Passe-Tout-Grains	rouge et rosé
Crémant de Bourgogne	rouge, rosé et blanc

TABLEAU DES CATÉGORIES D'APPELLATION

APPELLATIONS RÉGIONALES

Bourgogne
Bourgogne Aligoté
Bourgogne Chitry
Bourgogne clairet ou Bourgogne rosé
Bourgogne Côte chalonnaise
Bourgogne Côte Saint-Jacques
Bourgogne Côtes d'Auxerre
Bourgogne Coulanges-la-Vineuse
Bourgogne Épineuil
Bourgogne Grand ordinaire ou Bourgogne ordinaire
Bourgogne Hautes-Côtes de Beaune
Bourgogne Hautes-Côtes de Nuits
Bourgogne Mousseux
Bourgogne Passe-Tout-Grains
Bourgogne Vézelay
Crémant de Bourgogne
Mâcon
Mâcon (+ le nom du village)
Mâcon Supérieur
Mâcon-Villages
Pinot-Chardonnay-Mâcon

APPELLATIONS COMMUNALES

Aloxe-Corton
Auxey-Duresses
Beaune
Blagny
Bouzeron
Chablis (et premier cru)
Chambolle-Musigny
Chassagne-Montrachet
Chorey-lès-Beaune ou Chorey
Côte de Beaune
Côte de Beaune-Villages
Côte de Nuits-Villages
Fixin
Gevrey-Chambertin
Givry
Irancy
Ladoix
Maranges
Marsannay
Marsannay rosé
Mercurey
Meursault
Montagny
Monthelie
Morey-Saint-Denis
Nuits-Saint-Georges ou Nuits
Pernand-Vergelesses
Petit Chablis
Pommard
Pouilly-Fuissé
Pouilly-Loché
Pouilly-Vinzelles
Puligny-Montrachet
Rully
Saint-Aubin
Saint-Romain
Saint-Véran
Santenay
Sauvignon de Saint-Bris
Savigny-lès-Beaune ou Savigny
Viré-Clessé
Volnay
Volnay-Santenots
Vosne-Romanée
Vougeot

APPELLATIONS GRANDS CRUS

Bâtard-Montrachet
Bienvenues-Bâtard-Montrachet
Bonnes-Mares
Chablis Grand Cru
Chambertin
Chambertin-Clos de Bèze
Chapelle-Chambertin
Charlemagne
Charmes-Chambertin
Chevalier-Montrachet
Clos de la Roche
Clos de Tart
Clos de Vougeot
Clos des Lambrays
Clos Saint-Denis
Corton
Corton-Charlemagne
Criots-Bâtard-Montrachet
Échezeaux
Grands-Échezeaux
Griotte-Chambertin
La Grande-Rue
La Romanée
La Tâche
Latricières-Chambertin
Mazis-Chambertin
Mazoyères-Chambertin
Montrachet
Musigny
Richebourg
Romanée-Conti
Romanée-Saint-Vivant
Ruchottes-Chambertin

CLIMATS CLASSÉS EN PREMIER CRU

par ordre alphabétique

À l'Écu (Beaune)
Abbaye de Morgeot (Chassagne-Montrachet)
Agneux (Rully)
Arvelets (Fixin)
Au Closeau (Gevrey-Chambertin)
Au-dessus des Malconsorts (Vosne-Romanée)
Aux Argillas (Nuits-Saint-Georges)
Aux Beaux Bruns (Chambolle-Musigny)
Aux Boudots (Nuits-Saint-Georges)
Aux Bousselots (Nuits-Saint-Georges)
Aux Brûlées (Vosne-Romanée)
Aux Chaignots (Nuits-Saint-Georges)
Aux Champs Perdrix (Nuits-Saint-Georges)
Aux Charmes (Morey-Saint-Denis)
Aux Cheseaux (Morey-Saint-Denis)
Aux Clous (Savigny-lès-Beaune)
Aux Combottes (Chambolle-Musigny), (Gevrey-Chambertin)
Aux Coucherias (Beaune)
Aux Cras (Beaune), (Nuits-Saint-Georges)
Aux Échanges (Chambolle-Musigny)
Aux Fourneaux (Savigny-lès-Beaune)
Aux Gravains (Savigny-lès-Beaune)
Aux Guettes (Savigny-lès-Beaune)
Aux Malconsorts (Vosne-Romanée)
Aux Murgers (Nuits-Saint-Georges)
Aux Perdrix (Nuits-Saint-Georges)
Aux Reignots (Vosne-Romanée)
Aux Serpentières (Savigny-lès-Beaune)
Aux Thorey (Nuits-Saint-Georges)
Aux Vignerondes (Nuits-Saint-Georges)
Bas de Vermarain à l'est (Saint-Aubin)
Bas des Duresses (Auxey-Duresses)
Basses Mourottes (Ladoix-Serrigny)
Basses Vergelesses (Savigny-lès-Beaune)
Bataillière (Savigny-lès-Beaune)
Beauregard (Santenay)
Beaurepaire (Santenay)
Beauroy (Chablis)
Bel Air (Gevrey-Chambertin)
Belissand (Beaune)
Berdiot (Chablis)
Beugnons (Chablis)
Blanches Fleurs (Beaune)
Blanchot-Dessus (Chassagne-Montrachet)
Bois de Chassagne (Chassagne-Montrachet)
Bois Roussot (Ladoix-Serrigny)
Butteaux (Chablis)
Cailleret (Chassagne-Montrachet)
Carelle sous la Chapelle (Volnay)
Carelles (Volnay)
Cellier aux Moines (Givry)
Chaînes Carteaux (Nuits-Saint-Georges)
Champ Canet (Puligny-Montrachet)
Champ Chevrey (Savigny-lès-Beaune)
Champ Gain (Puligny-Montrachet)
Champ Toiseau (Montagny)
Champans (Volnay)
Champeaux (Gevrey-Chambertin)
Champonnet (Gevrey-Chambertin)
Champs Cloux (Rully)
Champs Jendreau (Chassagne-Montrachet)
Champs Pimont (Beaune)
Chanlin (Volnay)
Chapelot (Chablis)
Chapitre (Rully)
Charmes (Meursault)
Châtains (Chablis)
Château Gris (Nuits-Saint-Georges)
Chaume de Talvat (Chablis)
Chazelle (Montagny)
Cherbaudes (Gevrey-Chambertin)
Clavaillon (Puligny-Montrachet)
Climat du Val (Auxey-Duresses)
Clos Arlot (Nuits-Saint-Georges)
Clos Baulet (Morey-Saint-Denis)
Clos Blanc (Pommard)
Clos Chareau (Chassagne-Montrachet)
Clos Charlé (Givry)
Clos Château de Montaigu (Mercurey)
Clos de la Barraude (Givry)
Clos de la Barre (Volnay)
Clos de la Bousse d'Or (Volnay)
Clos de la Boutière (Maranges)
Clos de la Cave des Ducs (Volnay)
Clos de la Chapelle (Volnay)
Clos de la Commaraine (Pommard)
Clos de la Féguine (Beaune)
Clos de la Fussière (Maranges)
Clos de la Garenne (Puligny-Montrachet)
Clos de la Maréchale (Nuits-Saint-Georges)
Clos de la Mouchère (Puligny-Montrachet)
Clos de la Mousse (Beaune)
Clos de la Perrière (Fixin), (Vougeot)
Clos de la Rougeotte (Volnay)
Clos de l'Audignac (Volnay)
Clos de l'Écu (Beaune)
Clos de Paradis (Mercurey)
Clos de Tavannes (Santenay)
Clos de Verger (Pommard)
Clos des Argillières (Nuits-Saint-Georges)
Clos des Avaux (Beaune)
Clos des Barraults (Mercurey)
Clos des Chênes (Volnay)
Clos des Corvées (Nuits-Saint-Georges)
Clos des Corvées Pagets (Nuits-Saint-Georges)
Clos des Ducs (Volnay)
Clos des Épeneaux (Pommard)
Clos des Forêts Saint-Georges (Nuits-Saint-Georges)

CLIMATS CLASSÉS EN PREMIER CRU

par ordre alphabétique

Clos des Grandes Vignes (Nuits-Saint-Georges)
Clos des Grands Voyens (Mercurey)
Clos des Maréchaudes (Aloxe-Corton)
Clos des Montaigus (Mercurey)
Clos des Mouches (Santenay)
Clos des Myglands (Mercurey)
Clos des Ormes (Morey-Saint-Denis)
Clos des Perrières (Meursault)
Clos des Porrets Saint Georges (Nuits-Saint-Georges)
Clos des Réas (Vosne-Romanée)
Clos des Ursules (Beaune)
Clos des Varoilles (Gevrey-Chambertin)
Clos du Chaigne (Rully)
Clos du Chapitre (Aloxe-Corton), (Fixin), (Gevrey-Chambertin)
Clos du Château des Ducs (Volnay)
Clos du Cras Long (Givry)
Clos du Roi (Beaune)
Clos du Val (Auxey-Duresses)
Clos du Vernoy (Givry)
Clos du Verseuil (Volnay)
Clos Faubard (Santenay)
Clos Jus (Givry)
Clos Marceau (Givry)
Clos Marcilly (Mercurey)
Clos Marole (Givry)
Clos Napoléon (Fixin)
Clos Pitois (Chassagne-Montrachet)
Clos Prieur (Gevrey-Chambertin)
Clos Rousseau (Santenay)
Clos Saint-Jacques (Gevrey-Chambertin), (Rully)
Clos Saint-Jean (Chassagne-Montrachet)
Clos Saint-Landry (Beaune 1er Cru1er Cru)
Clos Saint-Marc (Nuits-Saint-Georges)
Clos Saint-Paul (Givry)
Clos Saint-Pierre (Givry)
Clos Salomon (Givry)
Clos Sorbè (Morey-Saint-Denis)
Clos Tonnerre (Mercurey)
Clos Voyens (Mercurey)
Cloux (Rully)
Combe au Moine (Gevrey-Chambertin)
Cornevent (Montagny)
Côte de Brëchains (Chablis)
Côte de Cuissy (Chablis)
Côte de Fontenay (Chablis)
Côte de Jouan (Chablis)
Côte de Léchet (Chablis)
Côte de Savant (Chablis)
Côte de Vaubarousse (Chablis)
Côte des Prés Girots (Chablis)
Côte Rôtie (Morey-Saint-Denis)
Craipillot (Gevrey-Chambertin)
Creux de Beaux Champs (Montagny)
Creux de la Net (Pernand-Vergelesses)
Cros Parentoux (Vosne-Romanée)
Dent de Chien (Chassagne-Montrachet)
Derrière Chez Edouard (Saint-Aubin)
Derrière la Grange (Chambolle-Musigny)
Derrière la Tour (Saint-Aubin)
Derrière Saint-Jean (Pommard)
En Caradeux (Pernand-Vergelesses)
En Chevret (Volnay)
En Créot (Saint-Aubin)
En Ergot (Gevrey-Chambertin)
En Genêt (Beaune)
En la Perrière Noblot (Nuits-Saint-Georges)
En Largillière (Pommard)
En l'Orme (Beaune)
En l'Ormeau (Volnay)
En Orveaux (Vosne-Romanée)
En Remilly (Chassagne-Montrachet), (Saint-Aubin)
Estournelles-Saint-Jacques (Gevrey-Chambertin)
Fonteny (Gevrey-Chambertin)
Forêt (Chablis)
Fourchaume (Chablis)
Frémiets (Volnay)
Frémiets- Clos de la Rougeotte (Volnay)
Genevrières (Meursault)
Grand Clos Fortoul (Mercurey)
Grand Clos Rousseau (Santenay)
Grandes Berges (Givry)
Grésigny (Rully)
Griffères (Mercurey)
Hameau de Blagny (Blagny), (Puligny-Montrachet)
Hautes Mourottes (Ladoix-Serrigny)
Hervelets (Fixin)
Île des Vergelesses (Pernand-Vergelesses)
Issarts (Gevrey-Chambertin)
La Bondue (Mercurey)
La Bossière (Gevrey-Chambertin)
La Boudriotte (Chassagne-Montrachet)
La Bressande (Rully)
La Bussière (Morey-Saint-Denis)
La Cailloute (Mercurey)
La Chanière (Pommard)
La Chapelle (Auxey-Duresses)
La Chassière (Mercurey)
La Chatenière (Saint-Aubin)
La Combe d'Orveau (Chambolle-Musigny)
La Comme (Santenay)
La Condemine du Vieux Château (Montagny)
La Corvée (Ladoix-Serrigny)
La Coutière (Aloxe-Corton)
La Croix aux Moines (Maranges)
La Croix Rameau (Vosne-Romanée)
La Dominode (Savigny-lès-Beaune)
La Fosse (Rully)

CLIMATS CLASSÉS EN PREMIER CRU

par ordre alphabétique

La Fussière (Maranges)
La Garenne (Puligny-Montrachet)
La Gigotte (Volnay)
La Grande Montagne (Chassagne-Montrachet)
La Grande Pièce (Montagny)
La Jeunelotte (Blagny), (Meursault)
La Levrière (Mercurey)
La Maladière (Santenay)
La Maltroie (Chassagne-Montrachet)
La Maréchaude (Aloxe-Corton)
La Micaude (Ladoix-Serrigny)
La Mignotte (Beaune)
La Mission (Mercurey)
La Moullière (Montagny)
La Perrière (Gevrey-Chambertin)
La Pièce sous le Bois (Blagny), (Meursault)
La Platière (Pommard)
La Pucelle (Rully)
La Refène (Pommard)
La Renarde (Rully)
La Richemone (Nuits-Saint-Georges)
La Riotte (Morey-Saint-Denis)
La Romanée (Gevrey-Chambertin)
La Taupine (Monthelie)
La Toppe au Vert (Aloxe-Corton)
La Truffière (Puligny-Montrachet)
Lassolle (Volnay)
Lavaut Saint-Jacques (Gevrey-Chambertin)
Le Bas des Teurons (Beaune)
Le Cailleret (Puligny-Montrachet)
Le Cas Rougeot (Monthelie)
Le Charmois (Saint-Aubin)
Le Château Gaillard (Monthelie)
Le Clos Blanc (Vougeot)
Le Clos Chaudron (Montagny)
Le Clos des Loyères (Maranges)
Le Clos des Mouches (Beaune)
Le Clos des Rois (Maranges)
Le Clos du Roy (Mercurey)
Le Clos Gauthey (Monthelie)
Le Clos l'Évêque (Mercurey)
Le Clos Micot (Pommard)
Le Clou D'orge (Ladoix-Serrigny)
Le Cloux (Montagny)
Le Clouzot (Montagny)
Le Meix Bataille (Monthelie)
Le Meix Cadot (Rully)
Le Meix Caillet (Rully)
Le Porusot (Meursault)
Le Puits (Saint-Aubin)
Le Ronceret (Volnay)
Le Vieux Château (Montagny)
Le Village (Monthelie), (Morey-Saint-Denis), (Pommard), (Volnay)
L'Épaule (Montagny)
Les Aigrots (Beaune)
Les Amoureuses (Chambolle-Musigny)
Les Angles (Volnay)
Les Argillières (Nuits-Saint-Georges)
Les Arvelets (Pommard)
Les Aussy (Volnay)
Les Avaux (Beaune)
Les Bassets (Montagny)
Les Baudes (Chambolle-Musigny)
Les Beauregards (Chablis)
Les Beaux Champs (Montagny)
Les Beaux Monts (Vosne-Romanée)
Les Bertins (Pommard)
Les Blanchards (Morey-Saint-Denis)
Les Bois Chevaux (Givry)
Les Bondues (Chassagne-Montrachet)
Les Bonneveaux (Montagny)
Les Bordes (Montagny)
Les Borniques (Chambolle-Musigny)
Les Bouchères (Meursault)
Les Boucherottes (Beaune), (Pommard)
Les Bouchots (Montagny)
Les Bressandes (Beaune)
Les Bréterins (Auxey-Duresses)
Les Brouillards (Volnay)
Les Buissonnes (Chassagne-Montrachet)
Les Burnins (Montagny)
Les Byots (Mercurey)
Les Caillerets (Meursault), (Volnay)
Les Caillerets-Clos des 60 Ouvrées (Volnay)
Les Cailles (Nuits-Saint-Georges)
Les Carrières (Chambolle-Musigny)
Les Castets (Saint-Aubin)
Les Cazetiers (Gevrey-Chambertin)
Les Cent Vignes (Beaune)
Les Chabiots (Chambolle-Musigny)
Les Chaboeufs (Nuits-Saint-Georges)
Les Chaffots (Morey-Saint-Denis)
Les Chaillots (Aloxe-Corton)
Les Chalumaux (Puligny-Montrachet)
Les Champlots (Saint-Aubin)
Les Champs Fulliot (Monthelie)
Les Champs Gains (Chassagne-Montrachet)
Les Champs Martin (Mercurey)
Les Chaniots (Montagny)
Les Chanlins-Bas (Pommard)
Les Chaponnières (Pommard)
Les Charmelottes (Montagny)
Les Charmes (Chambolle-Musigny)
Les Charmots (Pommard)
Les Charnières (Savigny-lès-Beaune)
Les Charrières (Morey-Saint-Denis)
Les Chatelots (Chambolle-Musigny)
Les Chaumées (Chassagne-Montrachet)
Les Chaumes (Vosne-Romanée)

Les Chenevery (Morey-Saint-Denis)
Les Chenevottes (Chassagne-Montrachet)
Les Chouacheux (Beaune)
Les Clos Roussots (Maranges)
Les Coères (Montagny)
Les Combes (Montagny), (Saint-Aubin)
Les Combes-Dessus (Pommard)
Les Combettes (Puligny-Montrachet)
Les Combins (Mercurey)
Les Combottes (Chambolle-Musigny)
Les Corbeaux (Gevrey-Chambertin)
Les Cortons (Saint-Aubin)
Les Coudrettes (Montagny)
Les Craboulettes (Montagny)
Les Cras (Chambolle-Musigny), (Meursault), (Vougeot)
Les Crêts (Mercurey)
Les Croichots (Mercurey)
Les Croix Noires (Pommard)
Les Crots (Nuits-Saint-Georges)
Les Damodes (Nuits-Saint-Georges)
Les Demoiselles (Puligny-Montrachet)
Les Didiers (Nuits-Saint-Georges)
Les Duresses (Auxey-Duresses), (Monthelie)
Les Écussaux (Auxey-Duresses)
Les Embasées (Chassagne-Montrachet)
Les Épenotes (Beaune)
Les Épinottes (Chablis)
Les Faconnières (Morey-Saint-Denis)
Les Feusselottes (Chambolle-Musigny)
Les Fèves (Beaune)
Les Fichots (Pernand-Vergelesses)
Les Folatières (Puligny-Montrachet)
Les Fourneaux (Chablis), (Mercurey)
Les Fournières (Aloxe-Corton)
Les Fremiers (Pommard)
Les Frionnes (Saint-Aubin)
Les Fuées (Chambolle-Musigny)
Les Garchères (Montagny)
Les Gaudichots (Vosne-Romanée)
Les Genavrières (Morey-Saint-Denis)
Les Goulots (Gevrey-Chambertin)
Les Gouresses (Montagny)
Les Gouttes d'Or (Meursault)
Les Grandes Vignes (Givry)
Les Grands Champs (Auxey-Duresses), (Volnay)
Les Grands Epenots (Pommard)
Les Grands Prétans (Givry)
Les Gravières (Santenay)
Les Gravières - Clos de Tavannes (Santenay)
Les Grèves (Beaune)
Les Groseilles (Chambolle-Musigny)
Les Gruenchers (Chambolle-Musigny), (Morey-Saint-Denis)
Les Guérets (Aloxe-Corton)
Les Hauts Doix (Chambolle-Musigny)
Les Hauts Jarrons (Savigny-lès-Beaune)
Les Hauts Marconnets (Savigny-lès-Beaune)
Les Hauts Pruliers (Nuits-Saint-Georges)
Les Jardins (Montagny)
Les Jarolières (Pommard)
Les Jarrons (Savigny-lès-Beaune)
Les Joyeuses (Ladoix-Serrigny)
Les Las (Montagny)
Les Lavières (Savigny-lès-Beaune)
Les Lavrottes (Chambolle-Musigny)
Les Lurets (Volnay)
Les Lys (Chablis)
Les Macherelles (Chassagne-Montrachet)
Les Macles (Montagny)
Les Marconnets (Beaune), (Savigny-lès-Beaune)
Les Maréchaudes (Aloxe-Corton)
Les Maroques (Montagny)
Les Milandes (Morey-Saint-Denis)
Les Mitans (Volnay)
Les Montaigus (Mercurey)
Les Montrevenots (Beaune)
Les Moutottes (Aloxe-Corton)
Les Murgers des Dents de Chien (Saint-Aubin)
Les Narbantons (Savigny-lès-Beaune)
Les Naugues (Mercurey)
Les Noirots (Chambolle-Musigny)
Les Paquiers (Montagny)
Les Paulands (Aloxe-Corton)
Les Perrières (Beaune), (Montagny), (Nuits-Saint-Georges), (Puligny-Montrachet), (Saint-Aubin)
Les Petites Lolières (Aloxe-Corton)
Les Petits Épenots (Pommard)
Les Petits Monts (Vosne-Romanée)
Les Petits Vougeots (Vougeot)
Les Peuillets (Savigny-lès-Beaune)
Les Pézerolles (Pommard)
Les Pidances (Montagny)
Les Pierres (Rully)
Les Plantes (Chambolle-Musigny)
Les Platières (Montagny)
Les Plures (Meursault)
Les Porrets Saint Georges (Nuits-Saint-Georges)
Les Poulettes (Nuits-Saint-Georges)
Les Poutures (Pommard)
Les Procès (Nuits-Saint-Georges)
Les Pruliers (Nuits-Saint-Georges)
Les Pucelles (Puligny-Montrachet)
Les Referts (Puligny-Montrachet)
Les Resses (Montagny)
Les Reversées (Beaune)
Les Riottes (Monthelie)
Les Rouges (Vosne-Romanée)

CLIMATS CLASSÉS EN PREMIER CRU

par ordre alphabétique

Les Rouvrettes (Savigny-lès-Beaune)
Les Ruchots (Morey-Saint-Denis)
Les Ruelles (Mercurey)
Les Rugiens-Bas (Pommard)
Les Rugiens-Hauts (Pommard)
Les Saints-Georges (Nuits-Saint-Georges)
Les Santenots Blancs (Meursault)
Les Santenots du Milieu (Meursault)
Les Saussilles (Pommard)
Les Sceaux (Beaune)
Les Sentiers (Chambolle-Musigny)
Les Seurey (Beaune)
Les Sizies (Beaune)
Les Sorbès (Morey-Saint-Denis)
Les Suchots (Vosne-Romanée)
Les Talmettes (Savigny-lès-Beaune)
Les Terres Blanches (Nuits-Saint-Georges)
Les Teurons (Beaune)
Les Toussaints (Beaune)
Les Treuffères (Montagny)
Les Tuvilains (Beaune)
Les Vallerots (Nuits-Saint-Georges)
Les Valozières (Aloxe-Corton)
Les Vasées (Mercurey)
Les Vaucrains (Nuits-Saint-Georges)
Les Velley (Mercurey)
Les Vercots (Aloxe-Corton)
Les Vergelesses (Savigny-lès-Beaune)
Les Vergers (Chassagne-Montrachet)
Les Véroilles (Chambolle-Musigny)
Les Vignes Derrières (Montagny)
Les Vignes des Prés (Montagny)
Les Vignes Franches (Beaune)
Les Vignes Longues (Montagny)
Les Vignes Rondes (Monthelie)
L'Homme Mort (Chablis)
Margotés (Rully)
Marissou (Rully)
Mélinots (Chablis)
Molesme (Rully)
Mont de Milieu (Chablis)
Mont Laurent (Montagny)
Montcuchot (Montagny)
Montée de Tonnerre (Chablis)
Montée Rouge (Beaune)
Montmains (Chablis)
Montorge (Montagny)
Montpalais (Rully)
Monts Luisants (Morey-Saint-Denis)
Morein (Chablis)
Morgeot (Chassagne-Montrachet)
Passetemps (Santenay)
Perrières (Meursault)
Pertuisots (Beaune)
Petite Chapelle (Gevrey-Chambertin)
Petite Marole (Givry)
Petits Cazetiers (Gevrey-Chambertin)
Petits Godeaux (Savigny-lès-Beaune)
Pied d'Aloup (Chablis)
Pillot (Rully)
Pitangenet (Saint-Aubin)
Pitures-Dessus (Volnay)
Pointes D'angles (Volnay)
Poissenot (Gevrey-Chambertin)
Porusot (Meursault)
Préaux (Rully)
Rabourcé (Rully)
Raclot (Rully)
Redrescul (Savigny-lès-Beaune)
Reugne (Auxey-Duresses)
Robardelle (Volnay)
Roncière (Nuits-Saint-Georges)
Roncières (Chablis)
Rue de Chaux (Nuits-Saint-Georges)
Saint-Morille (Montagny)
Saint-Ytages (Montagny)
Sazenay (Mercurey)
Sécher (Chablis)
Servoisine (Givry)
Sous Blagny (Blagny), (Meursault)
Sous le Dos d'Âne (Blagny), (Meursault)
Sous le Puits (Blagny),
(Puligny-Montrachet)
Sous les Feuilles (Montagny)
Sur Gamay (Saint-Aubin)
Sur la Garenne (Blagny)
Sur la Velle (Monthelie)
Sur le Sentier du Clou (Saint-Aubin)
Sur les Grèves (Beaune)
Sur les Grèves-Clos Sainte-Anne (Beaune)
Taille Pieds (Volnay)
Tonton Marcel (Chassagne-Montrachet)
Troesmes (Chablis)
Vaillons (Chablis)
Vau de Vey (Chablis)
Vau Ligneau (Chablis)
Vaucoupin (Chablis)
Vaugiraut (Chablis)
Vaulorent (Chablis)
Vaupulent (Chablis)
Vauvry (Rully)
Vaux Ragons (Chablis)
Vergelesses (Pernand-Vergelesses)
Vide Bourse (Chassagne-Montrachet)
Vigne du Soleil (Montagny)
Vignes Couland (Montagny)
Vignes Saint-Pierre (Montagny)
Vignes sur le Cloux (Montagny)
Village (Saint-Aubin)
Vosgros (Chablis)

BIBLIOGRAPHIE SÉLECTIVE

Rolf Bischel, *Les Vins de Bourgogne et du Beaujolais*, Fleurus, 2001.

Thierry Mantoux, *Les Vins de Bourgogne*, Le Livre de Poche, 2001.

Christophe Tupinier (direction), *Les Vins de Bourgogne*, Artoria, 1999.

Richard Olney, *La Romanée-Conti*, Flammarion, 1998.

Hubrecht Duijker, *Bourgogne*, Flammarion, 1997.

Jean-François Bazin, *Le Vin de Bourgogne*, Hachette Pratique, 1996.

Ouvrage collectif, *Vins de Bourgogne*, Larousse, 1996.

Georges Pertuiset, *Les Vins de Bourgogne*, 2 vol., Quinquette, 1995.

Lucien Boitouzet, *Les Confréries Vineuses de Bourgogne*, Bien public, 1990.

Claude Groell, *Le Bourgogne*, SAEP, 1990.

Frédérique Crestin-Billet, *Les Vins de Bourgogne*, Glénat, 1990.

Jasper Morris, *Bourgogne blanc*, Gründ, 1988.

Crédits iconographiques : J.L. Bernuy 2m, 11, 42-43, 100 ; BIVB/DR 1, 13, 14, 17b, 20, 23, 28, 38 39, 40, 43, 48-49, 50-51, 52, 53b, 54-55, 62, 63, 72, 76b, 84, 87, 88h, 92, 102 ; BIVB/Bourgogne Aujourd'hui 12, 15, 27, 32, 35b, 46-47, 62-63, 76h, 77, 80h, 92-93, 94-95, 101h, 104 ; BIVB/Pierre Combier 57h, 70, 99 ; BIVB/CRT de Bourgogne/Alain Doire 96 ; BIVB/André Domine 37, 105, 106 ; BIVB/N. Eschmann 73 (fond), 74-75, 89 ; BIVB/Hendrick Monnier 30h, 47 ; BIVB/Jean-Pierre Muzard 4-5, 19h, 22, 30-31b, 31h, 57b, 59, 64h, 68, 69, 78, 79, 81, 85, 97hb, 98-99, 101b, 103 ; Bouchard Père & Fils 2h, 8-9h, 44, 80b ; Ch. Pessey/Les Cours 18, 65, 110 ; Collection Les Cours 10b ; Hospices de Nuits-Saint-Georges 71 ; Musée du Vin de Bourgogne/J.Cl. Couval 83 ; Nicolas 17h, 19b, 21, 24, 25, 26, 36, 38, 45, 53h, 56, 58, 60, 61, 64b, 73 (bouteille), 82, 88b, 90, 91, 107 ; Office de Tourisme de Chablis 34-35h ; Office de Tourisme de Cluny/Photo Lionel Chocat 16 ; La Paulée de Meursault/G. Bligny 86 ; La Paulée de Meursault/Jean-Pierre Muzard 9h ; Photo Cîteaux 7 ; Photo RMN/P. Bernard 6 ; Dominique Repérant 9b, 41 ; Ville d'Auxerre/photo Josette Laliaux 2b, 10h, 67.
Document Les Cours : 108 : photos Nicolas sauf en haut Bouchard Père & Fils et en bas à droite Ch. Pessey.
Document Les Cours : Couverture : fond BIVB/DR, bouteilles Bouchard Père & Fils.
4e de couverture Bouchard Père & Fils, J.L. Bernuy, Ville d'Auxerre/photo Josette Laliaux. Rabat : cartes BIVB.

L'auteur et l'éditeur remercient le Bureau Interprofessionnel des Vins de Bourgogne (BIVB), le Musée du Vin de Bourgogne, la ville d'Auxerre, la Paulée de Meursault, les Offices de Tourisme de Chablis et de Cluny, la Confrérie des Chevaliers du Tastevin, les Hospices de Nuits-Saint-Georges, l'Abbaye Notre-Dame de Cîteaux, la maison Bouchard Père & Fils, la société Nicolas pour leur aimable participation.

Responsable de la collection : Sandrine BAILLY
Réalisation : LES COURS - Caen
Mise en page et PAO : Anne Gaubert, Alain Neuville
Composition et photogravure : LES COURS - Caen
Secrétariat d'édition, relecture : Anne Laurence
Couverture imprimée par Pollina s.a., Luçon
Achevé d'imprimer et broché en octobre 2002 par Pollina s.a., Luçon

100 % chlorfrei chlorine free sans chlore exento de cloro senza cloro

ISBN : 2-08012724-1
ISSN : 1275-2789
N° d'édition : FA 272402
N° d'impression : L87900
Dépôt légal : août 20001

Imprimé en France

Page 4-5 : l'hôtel-Dieu de Beaune